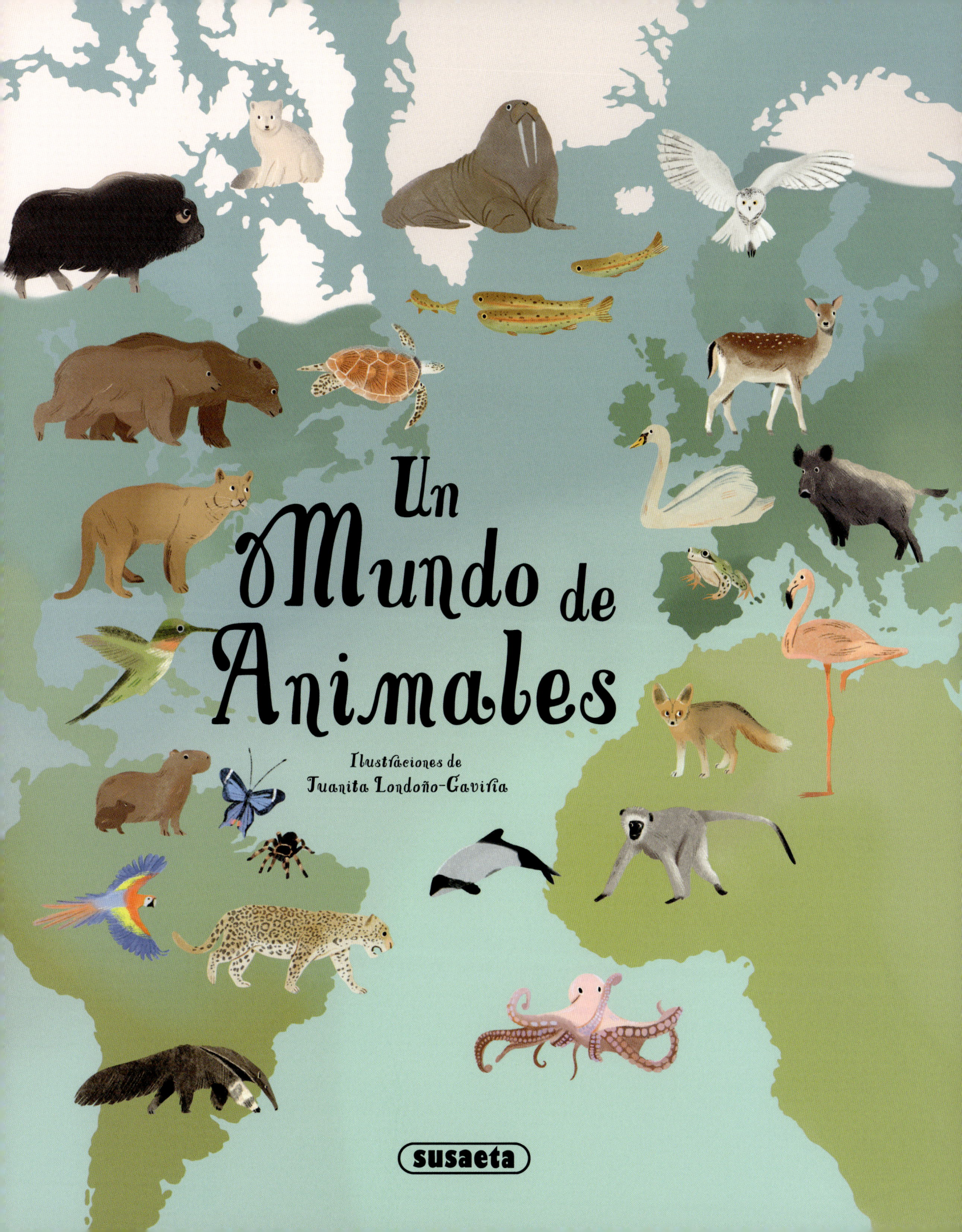

Un Mundo de Animales

Ilustraciones de
Juanita Londoño-Gaviria

susaeta

Título original: *The World of animals*
Autores: Dr. Michael Leach y Dr. Meriel Lland
Ilustraciones: Juanita Londoño-Gaviria
Edición española: Ana Delgado
Traducción: Patricia Hermosa
Corrección: Marisa López de Pariza

© Arcturus Holdings Limited
Todos los derechos reservados

© SUSAETA EDICIONES S.A.
C/ Campezo, 13 - 28022 Madrid
Tel.: 91 3009100
D.L.: M-13191-2024

Cualquier error u omisión, consultas al autor
o cuestiones relativas al contenido del libro
debe dirigirse a: Arcturus Holdings Limited

SUMARIO

PLANETA ANIMAL

Los animales viven en todos los continentes y hábitats, desde las profundidades del océano hasta la cima de las montañas más altas. Todavía hay mucho que aprender sobre ellos, para entenderlos mejor y poder protegerlos. Ya sean animales cercanos con los que convivimos o especies exóticas difíciles de ver, todos desempeñan un papel para mantener el equilibrio de nuestro planeta. Algunos son vitales para la polinización y la dispersión de semillas, mientras que otros son el alimento de depredadores, incluidos los humanos. Los hay inteligentes, otros cooperan, pueden ser solitarios... ¡pero todos son fascinantes!

CONTINENTES

La mayor parte de la superficie terrestre está repartida en siete continentes y subcontinentes: África, Europa, América del Norte, América del Sur, Asia, Antártida y Oceanía; este último incluye Australia y Nueva Zelanda, junto con las 25 000 islas del Pacífico.

HÁBITATS: UN LUGAR AL QUE LLAMAR «HOGAR»

Un hábitat es el lugar en el que viven animales y plantas, donde encuentran alimento, refugio y un lugar seguro para reproducirse. La posición de los continentes en la superficie del planeta influye enormemente en los hábitats que contienen. Existen seis grandes tipos de hábitats: agua dulce, mar, bosque, desierto, pradera y tundra, y están determinados por el clima y la geografía. Por ejemplo, los bosques se desarrollan solo en lugares donde llueve lo suficiente, mientras que los desiertos únicamente pueden existir en lugares donde la lluvia es escasa.

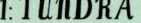

1: TUNDRA

4: DESIERTO

2: BOSQUE

5: MAR

3: PRADERA

6: AGUA DULCE

AMÉRICA DEL NORTE

AMÉRICA DEL SUR

ASIA

EUROPA

ÁFRICA

OCEANÍA

ASÍ EMPEZÓ TODO: PANGEA

La Tierra no siempre ha tenido el aspecto que tiene
en la actualidad. Hace millones de años, la mayor parte
de la superficie terrestre estaba unida en una enorme masa
llamada «Pangea». Este supercontinente se mantuvo unos
100 millones de años y luego se fragmentó. Desde entonces,
los trozos de tierra que llamamos «continentes» han ido
cambiando de posición, impulsados por el movimiento de
las placas tectónicas, y todavía hoy se siguen moviendo. Por
ejemplo, Europa y América del Norte se alejan a razón de
unos 2,5 cm cada año.

ADAPTACIÓN

Los animales ya vivían en Pangea
cuando empezó a dividirse. A medida
que la tierra se desplazaba, fueron
evolucionando lentamente y adaptándose
a las nuevas condiciones. Por ejemplo, las especies
de los bosques aprendieron a trepar y a buscar alimento
en los árboles. A algunas les creció una espesa capa de pelo para
protegerse del frío del Ártico, y otras se volvieron nocturnas para evitar
las altas temperaturas diurnas del desierto. Incluso ahora, la mayoría de
las especies solo pueden sobrevivir en un pequeño número de hábitats.

ANTÁRTIDA

¿QUÉ ANIMAL ES?

Los científicos estiman que existen unos 9 millones de especies de animales vivos, pero casi todas las semanas se descubren especies nuevas.

Los animales se clasifican en grupos que nos ayudan a estudiar su evolución, su comportamiento y el papel que desempeñan en los ecosistemas. Estos grupos se forman haciendo preguntas. La primera es: ¿tiene esa especie columna vertebral? Los animales con columna vertebral se llaman «vertebrados», como los mamíferos, las aves y los reptiles. Los animales sin columna vertebral se llaman «invertebrados», como los insectos, los gusanos y las arañas. Luego, se van dividiendo en grupos más pequeños a partir de preguntas como: ¿tiene plumas? o ¿es de sangre fría? Según las respuestas obtenidas, los animales se van colocando en familias con especies similares.

PRINCIPALES CARACTERÍSTICAS DE LAS ARAÑAS

- Ocho patas.
- Cuerpo dividido en dos partes.
- Cuerpo cubierto por una capa dura: exoesqueleto.
- Sin alas.

¿DE SANGRE CALIENTE O DE SANGRE FRÍA?

La mayoría de los animales son ectotermos o de sangre fría: su temperatura corporal es similar a la del entorno. Los mamíferos y las aves son endotérmicos o de sangre caliente: generan su propio calor, por lo que pueden prosperar en hábitats más fríos.

PRINCIPALES CARACTERÍSTICAS DE LOS REPTILES

- Columna vertebral.
- Sangre fría.
- Escamas.

PRINCIPALES CARACTERÍSTICAS DE LOS MAMÍFEROS

- Columna vertebral.
- Dan a luz crías vivas.
- Pelo.
- Sangre caliente.
- Alimentan a las crías con leche materna.

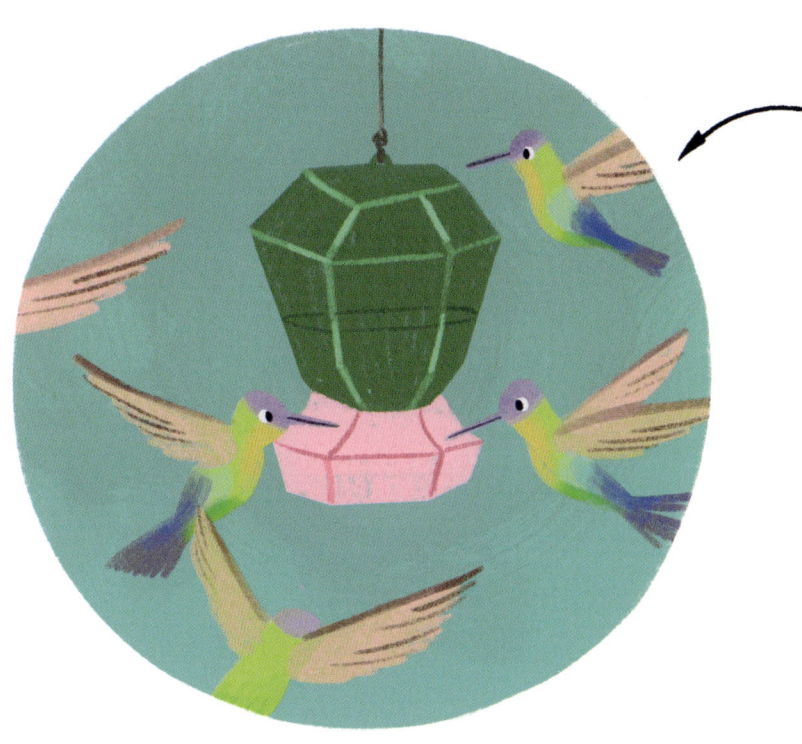

PRINCIPALES CARACTERÍSTICAS DE LAS AVES

- Columna vertebral.
- Plumas.
- Sangre caliente.
- Ponen huevos.

NOMBRES CIENTÍFICOS

Los animales tienen nombres en muchos idiomas; por ejemplo, el oso polar en noruego es *isbjørn* y en finés es *jääkarhu*. Para evitar confusiones, hace unos 250 años, un científico llamado Carlos Linneo propuso dar a cada especie un nombre único que pudiera ser utilizado por todo el mundo, independientemente del idioma que hablara. Hoy en día, los animales tienen un nombre local y un nombre científico compuesto por dos palabras: la primera indica el género al que pertenecen y la segunda es exclusiva de la especie. Así, el nombre científico del oso polar es *Ursus maritimus*.

PRINCIPALES CARACTERÍSTICAS DE LOS INSECTOS

- Cuerpo dividido en tres partes.
- Seis patas.
- Cuerpo cubierto por una capa dura: exoesqueleto.

ÁFRICA

África es famosa por sus amplias llanuras cubiertas de hierba en las que viven grandes manadas de herbívoros y los «cinco grandes»: león, elefante, rinoceronte, búfalo y leopardo. Pero hay mucho más por descubrir en este apasionante continente. África alberga pantanos tropicales, el mayor desierto cálido del mundo e incluso montañas nevadas.

El ecuador atraviesa Kenia, Congo y Gabón. Esto crea numerosos hábitats cálidos que albergan una gran riqueza de vida silvestre, pero los extremos norte y sur del continente y las regiones montañosas pueden ser fríos en invierno.

Los científicos creen que África fue el hogar de los primeros humanos hace unos 300 000 años. En la actualidad, 54 países comparten el diverso paisaje del continente con una enorme variedad de animales. Miles de pingüinos anidan en la costa de Ciudad del Cabo, en Sudáfrica; a muy poca distancia, los leones salvajes cazan en el Parque Nacional de los Elefantes de Addo, mientras que los grandes tiburones blancos nadan en las profundas aguas que rodean el cabo. Estas especies legendarias atraen a millones de visitantes cada año, pero aún quedan partes de África que los científicos no han explorado a fondo. En la densa selva tropical del Congo, por ejemplo, se descubren con regularidad nuevas especies de animales que aún no se han estudiado en profundidad.

1 DELTA DEL NILO

Langosta del desierto

El río Nilo lleva vida a las desérticas tierras de Egipto. La exuberante vegetación atrae insectos a la zona, a veces en enormes enjambres.

2 CORDILLERA DEL ATLAS

El Atlas es una zona de altas montañas, desiertos y valles fértiles, donde viven animales como: lobos, pequeños zorros con grandes orejas y ranas pintadas.

3 EL SAHEL

El Sahel, que en árabe significa «costa», limita con el desierto del Sáhara y los bosques del sur. Aquí los animales son resistentes y sobreviven a las frecuentes sequías. Entre ellos hay gatos del desierto y serpientes comedoras de huevos.

Ibis eremita
(Geronticus eremita)

Gundi común
(Ctenodactylus gundi)

Langosta del desierto
(Schistocerca gregaria)

Lobo dorado africano
(Canis anthus)

Tortuga mora
(Testudo graeca soussensis)

Lemur de cola anillada
(Lemur catta)

Gato del desierto (Felis margarita)

Talapoin sureño
(Miopithecus talapoin)

Charrán blanco
(Gygis alba)

Zorro del desierto
(Vulpes zerda)

Abejaruco persa
(Merops persicus)

Víbora cornuda
(Cerastes cerastes)

Gallina de Guinea
(Numida meleagris)

Gorgojo jirafa
(Trachelophorus giraffa)

Orix beisa
(Oryx beisa)

Buitre de Angola
(Gypohierax angolensis)

Tortuga verde
(*Chelonia mydas*)

Caballito de mar de Jayakar
(*Hippocampus jayakari*)

Pez vela del Pacífico
(*Istiophorus platypterus*)

Ballena azul
(*Balaenoptera musculus*)

Carabela portuguesa
(*Physalia physalis*)

Serpiente marina amarilla
(*Pelamis platurus*)

Hipopótamo común
(*Hippopotamus amphibius*)

Nutria de cuello manchado
(*Hydrictis maculicollis*)

Picozapato (*Balaeniceps rex*)

Pez tigre
(*Hydrocynus vittatus*)

Gorila de montaña
(*Gorilla beringei beringei*)

Culebra arborícola de El Cabo
(*Dispholidus typus*)

Antílope lechwe
(*Kobus leche*)

Avestruz
(*Struthio camelus*)

Serpiente de manglar
(*Boiga dendrophila*)

Gorila occidental de llanura
(*Gorilla gorilla gorilla*)

Secretario
(*Sagittarius serpentarius*)

Suricata
(*Suricata suricatta*)

Tejón de la miel
(*Mellivora capensis*)

Escorpión de cola gruesa de Kalahari
(*Parabuthus raudus*)

Garza Goliat
(*Ardea goliath*)

Tiburón limón
(*Negaprion brevirostris*)

9 **OCÉANO ÍNDICO**

Desde caballitos de mar hasta ballenas azules, las aguas del océano Índico contienen una gran biodiversidad. Se extienden de las regiones tropicales y templadas a las zonas polares.

8 **DESIERTO DEL KALAHARI**

En las arenas rojas del Kalahari llueve muy poco. Los animales que viven en este vasto desierto tienen que ser muy hábiles para encontrar agua. Aquí viven familias de suricatas y el ave más alta del mundo, el avestruz.

7 **DELTA DEL OKAVANGO**

Entre marzo y agosto, las lluvias inundan las llanuras del Okavango y forman un humedal que puede llegar a ser el doble de grande que durante la estación seca. Es el hogar de la extraordinaria cigüeña picozapato y de algunos peces muy feroces.

4 **MANGLARES**

Los manglares protegen la tierra de la erosión, son viveros de peces y almacenan carbono, que ayuda a frenar el cambio climático.

5 **MADAGASCAR**

Casi el 90 % de los animales y plantas que viven en la enorme isla de Madagascar no se encuentran en ningún otro lugar de la Tierra.

6 **MONTAÑAS VIRUNGA**

Gorilas

Esta cadena montañosa tiene ocho picos principales. Todos son volcanes y algunos siguen activos. En este lugar viven los gorilas de montaña, especie en peligro de extinción y uno de nuestros parientes más cercanos.

LANGOSTA DEL DESIERTO

Las langostas del desierto (*Schistocera gregaria*) suelen vivir solas o en pequeños grupos, y se alimentan de las pocas plantas que sobreviven en el desierto del delta del Nilo. Cuando hay sequía, hacen algo asombroso: ¡les crecen alas más largas y emprenden el vuelo! Se unen a otras langostas y puede llegar a haber 150 millones de ellas volando juntas. Estos enjambres cubren hasta 800 km², y llegan a tapar la luz del sol.

Cuando encuentran cultivos, estos voraces insectos empiezan a comer y no paran hasta dejar el campo vacío. El humedal del Nilo, o delta, posee un suelo rico y fértil, que es ideal para el cultivo de plantas como el maíz y el arroz. Aquí, el río se ralentiza, se vuelve poco profundo, se divide en canales y se ensancha. Para los agricultores de la zona, estos enjambres de langostas suponen una gran amenaza.

Apetito voraz

Para los pequeños agricultores, la pérdida de cosechas puede provocar hambrunas. En un solo día, un enjambre de 80 millones de langostas puede comer la misma cantidad de alimento que 35 000 personas.

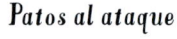

Patos al ataque

Algunos pueblos amenazados por estas plagas de langostas mantienen ejércitos de patos domésticos (*Anas platyrhynchos domesticus*), que pastan entre sus cultivos. A estas aves les encanta comer langostas: ¡unas 200 al día por pato!

En grupo o solitarias

Las langostas están llenas de sorpresas. De los huevos eclosionan crías sin alas llamadas «ninfas». En respuesta a las condiciones ambientales, las ninfas se convierten en adultos alados, que muestran dos formas diferentes de comportarse: algunas son muy sociables y forman enjambres, mientras que otras permanecen solitarias. Las langostas sociables son más activas, más grandes, tienen alas más largas y se vuelven de color amarillo brillante.

Un sabroso tentempié

¿Hambre? A la plancha, al horno o en brocheta, los humanos llevan siglos comiendo langostas como un manjar nutritivo.

Hora de darse un atracón

Los enjambres suponen un gran banquete para depredadores como el elanio común (*Elanus caeruleus*), que persigue este festín volador.

CORDILLERA DEL ATLAS

Pensar en África suele evocar el sol y, quizá, las lluvias monzónicas, pero hay una región del continente donde se producen enormes nevadas. Se trata de la salvaje cordillera del Atlas. Se extiende 2500 km, alcanza una altura de 4167 m y atraviesa tres países. Las condiciones ambientales varían mucho de una zona a otra. En invierno, las altas montañas son hostiles, pero, a menor altitud, el clima es más cálido y menos ventoso. En las laderas más bajas, se desarrollan frondosos bosques que dan cobijo a la fauna salvaje.

Abejaruco persa
(Merops persicus)

Los abejarucos se sientan en ramas altas en busca de abejas u otros insectos. Se lanzan y atrapan a sus presas en el aire.

Muflón del Atlas
(Ammotragus lervia)

Muy ágil y resistente, puede saltar rocas y trepar por escarpados acantilados.

Sapillo pintojo marroquí
(Discoglossus scovazzi)

Al final del invierno, la nieve se derrite y forma pequeñas charcas, que se convierten en el lugar ideal para que esta rana viva, se alimente y ponga huevos.

Alondra sahariana
(Eremophila bilopha)

Al macho le crecen cada primavera dos pequeñas plumas puntiagudas en la parte superior de la cabeza.

Lobo dorado africano
(Canis anthus)

No se ve a menudo, pero se pueden oír sus inquietantes aullidos en las altas montañas.

España

Mar Mediterráneo

Marruecos

Cordillera del Atlas

Argelia

La localización de la cordillera del Atlas, entre el mar Mediterráneo al norte y el desierto del Sáhara al sur, la aísla en gran medida del resto del continente. Estas montañas se han convertido en el hogar de algunos animales extraordinarios que no se encuentran en ningún otro lugar de la Tierra.

Ibis eremita
(Geronticus eremita)
Esta singular ave anida en altos acantilados.

Perdiz moruna
(Alectoris barbara)
Ave ruidosa que anida en zonas poco profundas del suelo.

Tortuga mora
(Testudo graeca soussensis)
Esta subespecie, muy rara, solo se encuentra en algunas zonas del Atlas.

Lagarto de cristal marroquí
(Hyalosaurus koellikeri)
Carece de extremidades anteriores y tiene las patas traseras muy pequeñas. Se parece a las serpientes, pero fíjate en sus ojos: los de las serpientes están siempre abiertos, incluso cuando duermen, mientras que los lagartos tienen párpados que se cierran; ¡si parpadea, es un lagarto!

Zorro del desierto
(Vulpes zerda)
Gira sus enormes orejas para localizar los pequeños ruidos que hacen sus presas.

Amata *(Amata alicia)*
A las orugas les gusta comer las hojas de los cafetos cultivados en Marruecos.

Gundi común
(Ctenodactylus gundi)
Le gusta tomar el sol en las rocas a primera hora de la mañana.

EL SAHEL

El Sahel es una vasta zona seca o semiárida al sur del desierto del Sáhara, que se extiende por toda África de oeste a este. Es uno de los lugares más calurosos del mundo y las temperaturas pueden alcanzar los 50 °C. El cambio climático hace que la región aumente lentamente de tamaño y temperatura. Aquí llueve muy poco y los fuertes vientos erosionan la capa superior del suelo. El entorno de rocas y arena es muy duro para plantas y animales, que tienen que sobrevivir largos periodos sin beber. A menudo, los animales tienen que recorrer grandes distancias para encontrar alimento y agua.

Mar Mediterráneo

Desierto del Sáhara
Sahel

Océano Atlántico

Viuda del Sahel
(Vidua orientalis)

En la época de reproducción, al macho le crecen largas plumas en la cola que utiliza para atraer a su pareja.

Víbora cornuda del desierto
(Cerastes cerastes)

Se camufla perfectamente en el desierto rocoso mientras caza lagartos y pequeños mamíferos.

Órix beisa *(Oryx beisa)*

Durante los periodos de sequía, eleva su temperatura corporal para evitar perder agua a través del sudor.

Gato del desierto
(Felis margarita)

Tiene las plantas de las patas cubiertas de largos pelos para protegerlas de las temperaturas extremas del desierto.

Hormiga plateada del Sáhara
(Cataglyphis bombycina)

Es la hormiga más rápida del mundo: puede correr a 1 m/s, que es la velocidad media de un ser humano caminando.

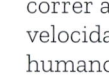

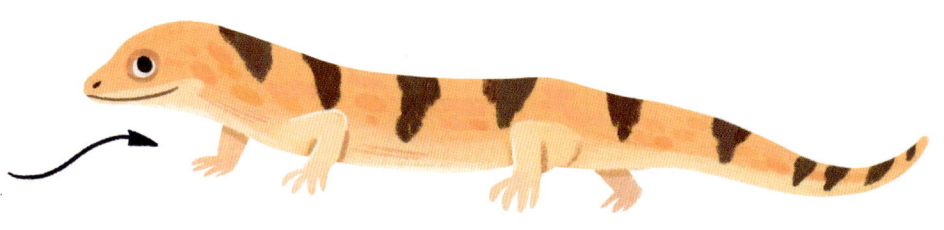

Escinco de bandas
(Scincopus fasciatus)

Es un lagarto y, como tal, tiene un truco extraordinario: si lo atacan, se desprende de su cola, que se retuerce violentamente y distrae al depredador mientras el lagarto escapa.

Chotacabras dorado
(Caprimulgus eximius)

Esta ave nocturna se alimenta por la noche. Canta al amanecer y al atardecer desde su nido en el suelo.

Quelea común
(Quelea quelea)

Es el ave silvestre más numerosa del mundo.

Pintada común
(Numida meleagris)

Es excelente para encontrar moscas, garrapatas y langostas, de las que se alimenta.

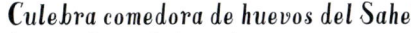

Culebra comedora de huevos del Sahel
(Dasypeltis sahelensis)

Se alimenta de huevos. No tiene veneno para matar a sus presas, pero su boca es lo bastante grande como para tragarse un huevo más grande que su propia cabeza.

Cocodrilo del desierto
(Crocodylus suchus)

Regula su temperatura corporal sentándose en el agua. Durante la sequía, cuando el agua escasea, cava profundos agujeros en la arena para mantenerse fresco.

Garza Goliat (*Ardea goliath*)
Es la garza más alta del mundo: alcanza 1,5 m de altura y 2,3 m de envergadura alar.

Cangrejo violinista
(*Afruca tangeri*)
El macho tiene una enorme pinza delantera que utiliza para señalar a sus posibles parejas y advertir a sus rivales.

Buitre palmero
(*Gypohierax angolensis*)
¿Has oído hablar alguna vez de un buitre (casi) vegetariano? Como su nombre indica, se alimenta de los frutos de las palmeras y solo ocasionalmente de carne.

MANGLARES

Los manglares crecen en lugares cálidos donde la tierra se encuentra con el mar. Existen al menos 50 especies de manglares y son los únicos árboles del mundo que soportan el flujo y reflujo de las mareas y la vida en agua salada. Se desarrollan bien en el espeso lodo negro de la costa y han evolucionado para sobrevivir a las tormentas. Cuando el mar está bajo, se ven sus extrañas raíces aéreas, que actúan como zancos para sostenerlos; también absorben el oxígeno del aire, que los manglares necesitan para vivir.

Este hábitat único sirve de vivero a muchas especies de peces y es el hogar de crustáceos y moluscos. Los mejillones se aferran a las raíces aéreas y abren y cierran sus conchas con la marea. En bajamar, las aves buscan gusanos y pequeños cangrejos en el lodo entre las raíces. En pleamar, los peces nadan y se esconden en los mismos lugares.

Tiburón limón (*Negaprion brevirostris*)
Los ejemplares más jóvenes cazan peces pequeños escondidos entre las raíces de los manglares.

Alción pechiazul
(Halcyon malimbica)

Esta ave se desplaza a hábitats más húmedos en la estación seca.

Manglares de África occidental

Océano Atlántico

Talapoin sureño
(Miopithecus talapoin)

Es el mono más pequeño de África. Vive siempre cerca del agua y nada muy bien.

Rana toro africana
(Pyxicephalus adspersus)

Puede pesar hasta 1,5 kg y saltar 1,8 m, varias veces la longitud de su cuerpo.

Serpiente arborícola de Blanding
(Toxicodryas blandingii)

Es una depredadora de emboscada; no persigue a su presa, sino que espera a que se acerque y ataca.

Saltarín del fango
(Periophthalmus barbarus)

¿Crees que todos los peces viven en el agua? Los saltarines pueden respirar tanto en el agua como en el aire. Sus fuertes aletas delanteras funcionan como patas, por lo que pueden caminar por tierra e incluso trepar a los árboles.

MADAGASCAR

Esta isla, algo mayor que Francia, está llena de sorpresas. Cerca del 90 % de su fauna y flora solo vive en este lugar.

Originalmente, la isla formaba parte de Asia. Hace unos 88 millones de años, se separó de la India y se convirtió en una isla gigante con tiburones de los más grandes del mundo. Algunas aves africanas volaron a Madagascar, pero mamíferos y reptiles no pudieron cruzar el peligroso mar. Las especies que emigraron desde Asia evolucionaron hasta convertirse en otras completamente nuevas. Estas especies que viven en un solo lugar se llaman especies «endémicas».

Océano Índico

Madagascar

Canal de Mozambique

Gorgojo jirafa *(Trachelophorus giraffa)*
El macho tiene un cuello extremadamente largo, que utiliza para luchar con otros machos.

Indri *(Indri indri)*
Es el lémur más grande del mundo.

Dugón *(Dugong dugon)*
Respira aire, pero pasa la vida en el mar, alimentándose de pastos marinos.

Jurel dorado *(Gnathanodon speciosus)*
Captura los invertebrados que huyen del dugón cuando este se alimenta.

Sapo tomate *(Dyscophus antongilii)*
Su tono rojo brillante es
una señal de advertencia
de que es venenoso.

Polilla crepuscular
(Chrysiridia rhipheus)
A diferencia de la mayoría
de las polillas, esta vuela
de día.

Nanocamaleón *(Brookesia nana)*
Esta diminuta especie tiene la longitud de
una uña humana y es probablemente el
reptil más pequeño del mundo.

Cúa crestado
(Coua cristata)
Es un ave omnívora: su dieta
incluye semillas, insectos,
huevos y camaleones.

Lémur de cola anillada *(Lemur catta)*
Vive en grupos familiares y está estrechamente
emparentado con monos y simios.

Distintos climas, distintos gorilas

Existen diferentes tipos de gorilas, como los occidentales de llanura (*Gorilla gorilla gorilla*), que viven en bosques cálidos, tienen el pelo corto y la parte superior de la cabeza rojiza; y los de montaña (*Gorilla beringei beringei*), que viven en bosques más fríos y tienen el pelo más oscuro y espeso.

Machos

Los adultos tienen un hueso largo y fuerte en la parte superior del cráneo, que les sirve para anclar los potentes músculos de la mandíbula y hace que su cabeza parezca casi puntiaguda.

Grupos familiares

Los gorilas viven en estrechos grupos familiares de entre 2 y 40 individuos. A medida que envejecen, el pelo de la espalda se vuelve gris plateado. Son herbívoros amables e inteligentes, que se alimentan de hojas, brotes y frutos.

Cabeza de familia

El líder de un grupo de gorilas se llama «espalda plateada». Es el que más sabe, el más fuerte y, normalmente, el macho de mayor edad. También es el protector del grupo y utiliza su experiencia para decidir dónde comer o dormir.

GORILAS

Los gorilas de montaña (*Gorilla beringei beringei*) son unos de los primates más grandes del mundo. Son musculosos, con manos y pies anchos y un enorme pecho. Un macho completamente desarrollado puede pesar 250 kg, lo que equivale al peso de tres humanos adultos. Los gorilas se comportan de forma parecida a las personas y pueden reír y mostrar tristeza.

Los gorilas de montaña viven en las selvas tropicales de África central y en las montañas Virunga. Una selva tropical es un bosque que recibe más de 2500 mm de lluvia al año. Estos bosques húmedos, a menudo cálidos, favorecen una gran biodiversidad, es decir, muchas especies diferentes de plantas y animales.

Los gorilas están amenazados por la pérdida de su hábitat y la caza furtiva. Los guardas forestales, las comunidades locales y organizaciones benéficas internacionales protegen a los gorilas de montaña en peligro de extinción, y en los últimos años su número ha aumentado hasta alcanzar aproximadamente los mil individuos.

Gorilas occidentales de llanura

Gorilas de montaña

Marcas únicas
Los gorilas tienen huellas dactilares.

Emocionales
Cuando se enfadan, los gorilas se golpean el pecho con las palmas de las manos y hacen mucho ruido.

Jóvenes
Los adultos pasan la mayor parte del tiempo en el suelo, pero los jóvenes disfrutan jugando en lo alto de los árboles.

Cuidadoras
Las madres dan a luz cada cuatro o seis años, y las crías permanecen con ellas hasta los dos años de edad.

DELTA DEL OKAVANGO

El delta del Okavango es un enorme oasis en mitad de un país muy seco. El río Okavango nace en Angola y fluye hacia el sur de Botsuana, donde penetra lentamente en el suelo y desaparece sin llegar a desembocar en el mar. Es lo que se llama un delta interior y da lugar a una zona de preciosos humedales y pantanos. El delta del Okavango es el mayor delta interior del mundo.

Este exuberante hábitat está lleno de praderas para el pastoreo y lagunas. Parte del delta está permanentemente inundado, mientras que en otras zonas solo ocurre como consecuencia de las lluvias estacionales que caen más al norte. Las cálidas temperaturas diurnas, la abundancia de agua y la fertilidad del suelo hacen que plantas y animales prosperen con facilidad. Algunos animales viven aquí todo el año, mientras que otros llegan cuando la estación seca hace que el agua escasee en otras partes. Es uno de los mejores lugares de África para observar animales.

Buho pescador africano
(Scotopelia peli)
Pesca de noche: se posa en una rama sobre el agua y baja en picado para atrapar peces con sus garras.

Culebra arborícola de El Cabo
(Dispholidus typus)
Boomslang es la palabra afrikáans para esta serpiente. Vive en lo alto de las ramas y caza lagartos y ranas.

Picozapato
(Balaeniceps rex)
Llamado así por su enorme pico, caza peces y ranas en aguas poco profundas.

Nutria de cuello manchado
(Hydrictis maculicollis)
Tiene las patas palmeadas y pasa la mayor parte de su vida cazando peces y ranas.

Pez tigre
(Hydrocynus vittatus)
Es un gran cazador, armado con dientes muy afilados. Se lo ha visto saltando fuera del agua para capturar aves que se acercan a beber.

Antílope lechwe *(Kobus leche)*

Este antílope pasa la mayor parte de su vida de pie en el agua. Tiene un revestimiento impermeable en las patas para evitar daños en la piel. A veces se reúne en enormes manadas de hasta 5000 animales.

Avemartillo *(Scopus umbretta)*

Mide solo 56 cm de altura, pero construye uno de los nidos más grandes del mundo: con paredes y techo, contiene unas 8000 ramitas y mide 1,5 m de ancho.

Milpiés esférico *(Sphaerotherum spp.)*

Este milpiés debe su nombre a la costumbre de enroscarse en una bola perfecta para protegerse cuando está en peligro.

Hipopótamo común *(Hippopotamus amphibius)*

Su nombre procede del griego y significa «caballo de agua». Pasta por la noche y pasa el día en el agua protegiéndose del fuerte sol.

Jacana africana *(Actophilornis africanus)*

Sus dedos largos y las garras distribuyen el peso de esta ave, lo que le permite «trotar» sobre las hojas de lirio que flotan en los numerosos cursos de agua del Okavango.

Rana de caña africana *(Hyperolius parallelus)*

Esta rana multicolor vive en la vegetación de las orillas de pantanos y lagos.

Delta del Okavango

Namibia

Botsuana

Sudáfrica

Océano Atlántico

Océano Índico

DESIERTO DEL KALAHARI

Toda la región es un paisaje de dunas de arena roja y llanuras salpicadas de hierbas espinosas y acacias. El Kalahari recibe su nombre de la palabra *Kgala*, que significa «gran sed» en la lengua local tswana. Los veranos son muy calurosos y las lluvias escasas o nulas. En esta época, la mayoría de los lagos se secan y dejan lechos lacustres de cristales de sal. Estas salinas cubren una superficie de 16 000 km². Cuando regresan las precipitaciones, vuelven a inundarse y, durante un tiempo, se convierten en el hogar de numerosas especies.

Este patrón de sequías e inundaciones da forma al Kalahari. A medida que las inundaciones retroceden, los animales tienen que recorrer distancias cada vez mayores para encontrar alimento y agua. En la actualidad, la fauna salvaje está amenazada por el pastoreo excesivo del ganado en tierras donde estos animales apenas pueden alimentarse.

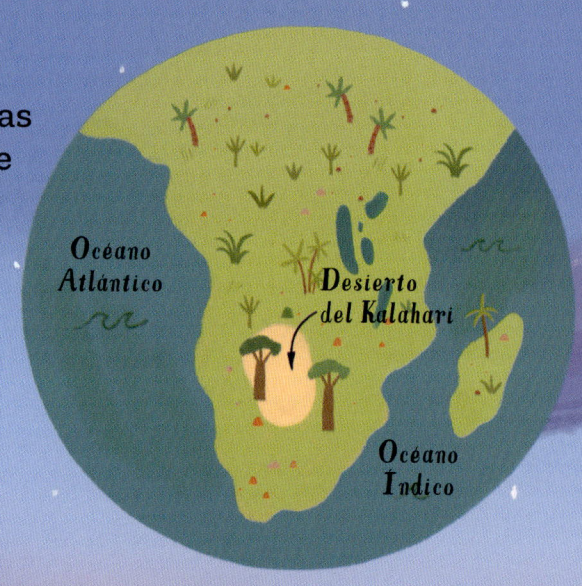

Océano Atlántico

Desierto del Kalahari

Océano Índico

Avestruz (*Struthio camelus*)
Los huevos de avestruz son los más grandes del mundo. Miden 15 cm y pesan 1,35 kg. Son tan fuertes que una persona adulta puede ponerse encima sin que se rompa la cáscara.

Rana de lluvia del desierto (*Breviceps macrops*)
A diferencia de la mayoría de las ranas, esta especie no tiene fase de renacuajo. De los huevos eclosionan ranas diminutas completamente formadas.

Escorpión sudafricano de cola gruesa (*Parabuthus raudus*)
El veneno de este escorpión es mortal para el ser humano.

Lagarto de hocico de pala (*Meroles anchietae*)
Cuando las temperaturas son muy altas, este lagarto levanta las patas contrarias de dos en dos alternativamente para evitar quemarse con la arena caliente.

24

Halconcito africano
(Polihierax semitorquatus)
Es la rapaz más pequeña de África: pesa aproximadamente igual que ocho uvas medianas.

Suricata
(Suricata suricatta)
Vive en grupos de hasta 30 ejemplares y siempre hay un centinela vigilando para evitar peligros. Se alimenta de insectos, lagartos y huevos de pájaros.

Alcaparra blanca
(Belenois aurota)
Se reúne en enormes nubes que pueden ser arrastradas largas distancias por los fuertes vientos.

Ratel *(Mellivora capensis)*
Es muy inteligente, capaz de escapar cuando está en cautiverio, e incluso se sabe que puede ahuyentar a leones.

Secretario
(Sagittarius serpentarius)
Mata a sus presas con el golpe seco de sus potentes patas.

Araña de arena de seis ojos *(Sicarius hahni)*
Esta araña, muy plana, se esconde en la arena hasta que siente las vibraciones de algún insecto que camina cerca y, entonces, lo caza.

OCÉANO ÍNDICO

El océano Índico es enorme: cubre casi una quinta parte de la superficie del planeta. Es el más cálido de todos los océanos y se extiende desde el norte del ecuador hasta el Antártico. La temperatura del agua oscila entre los 30 °C y el punto de congelación. Contiene una enorme variedad de especies animales, entre ellas algunas en peligro de extinción, como tortugas, focas y dugones.

Pocos animales viven en las zonas más profundas (como la fosa de Java, muy oscura y fría); solo especies muy adaptadas pueden tolerar la presión del agua cerca del fondo marino. La mayoría se encuentran cerca de la superficie y en aguas menos profundas, donde hace más calor y hay abundante alimento. Los animales que viven en el océano no tienen un territorio fijo: se mueven constantemente en respuesta a los cambios en la dirección del viento, la temperatura y las corrientes marinas.

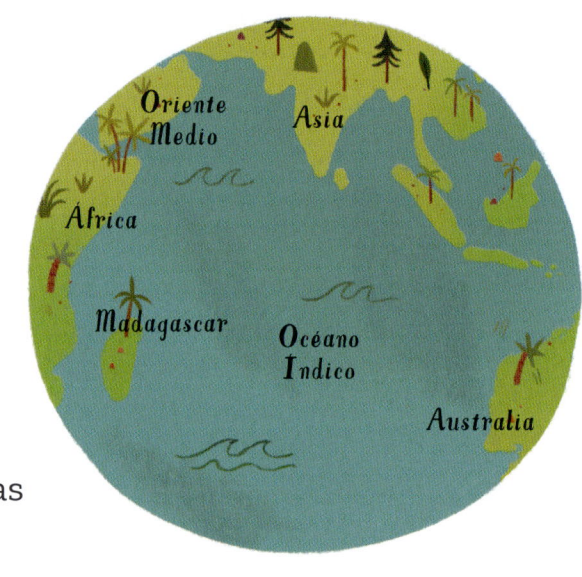

Serpiente marina amarilla
(Pelamis platurus)
Se alimenta, duerme y se reproduce en el agua.

Zorro volador negro de Mauricio
(Pteropus niger)
Gran murciélago frugívoro, con una envergadura alar de 80 cm y cara de zorro. Ayuda a polinizar muchas especies de plantas en Mauricio.

Charrán blanco
(Gygis alba)
No construye nido. Pone un huevo y lo apoya en equilibrio entre las ramas de un árbol.

Ballena azul
(Balaenoptera musculus)
Es el animal más grande que ha vivido en la Tierra. Con 30 m de largo y más de 180 000 kg de peso, es mayor que cualquier dinosaurio.

Caballito de mar de Jayacar
(Hippocampus jayakari)

El macho es quien aova a las crías. La hembra pone huevos que luego transporta el macho en una bolsa hasta que nacen las crías.

Tortuga verde
(Chelonia mydas)

Los juveniles comen huevos de peces y medusas, pero los adultos se alimentan de plantas marinas.

Pez vela del Pacífico
(Istiophorus platypterus)

La aleta del dorso de un pez se denomina «aleta dorsal». Los primeros navegantes pensaban que la dorsal del pez vela se parecía a la vela de un barco.

Gorgojo de Mauricio
(Syzygops vinsoni)

Los ojos de este insecto están situados en la parte superior de la cabeza.

Celacanto *(Latimeria chalumnae)*

El adulto se vuelve azul brillante con manchas para camuflarse cuando caza.

Pez colmillo
(Anoplogaster cornuta)

Este depredador de aguas profundas vive en la oscuridad total, a 5000 m bajo la superficie del agua.

Calamar vampiro
(Vampyroteuthis infernalis)

Su piel contiene miles de células especiales que emiten luz. Funcionan como minúsculas bombillas que se encienden y apagan para ahuyentar a los enemigos.

Pez rana pintado *(Antennarius pictus)*
Puede cambiar el tono de la piel para camuflarse con el entorno.

Carabela portuguesa
(Physalia physalis)

Parece una medusa, pero en realidad es una gran colonia de diminutos animales llamados «hidroides» que viven y trabajan juntos. Su nombre deriva del parecido con el antiguo barco de guerra portugués.

Tiburón sarda *(Carcharhinus leucas)*
Este agresivo tiburón puede vivir tanto en agua salada como dulce y remontar ríos.

AMÉRICA DEL NORTE

Contiene tres zonas climáticas (tropical, templada y polar) que dan lugar a una extraordinaria variedad de hábitats: desde las selvas tropicales de Panamá hasta la tundra nevada de Nunavut, en Canadá, la tierra más cercana al Polo Norte.

Canadá y Estados Unidos son dos de los países más grandes del mundo donde viven numerosos animales. Los bosques boreales vírgenes del norte proporcionan un entorno seguro a especies que han desaparecido más al sur. En las tierras desérticas de la frontera entre Estados Unidos y México solo viven animales muy adaptados a ese entorno seco. Otros están aprendiendo a vivir cerca de los humanos: se han mudado a las ciudades y han cambiado sus hábitos para aprovechar nuevas oportunidades de alimentación.

Los mares cálidos de Baja California y el Caribe son importantes zonas de alimentación para algunos animales en peligro crítico. Un océano sano tiene un efecto importante en el número de especies que viven en las tierras cercanas. Costa Rica no es grande, pero posee la mayor biodiversidad del planeta, con más de 500 000 especies registradas. Tiene costa tanto en el Pacífico como en el Caribe y, en medio, bosques, parques nacionales y humedales.

1 TUNDRA ÁRTICA CANADIENSE

Fría, seca y muy ventosa, la mayor parte de la tundra se encuentra en el Ártico. Los animales tienen que aprovechar al máximo los cortos veranos y los largos inviernos.

2 AMÉRICA DEL NORTE
Mariposa monarca

Los llamativos tonos naranja, negro y blanco de esta mariposa advierten a los depredadores de que son venenosas.

Tiburón de Groenlandia
(Somniosus microcephalus)

Reno
(Rangifer tarandus)

Búho americano
(Bubo virginianus)

Liebre ártica
(Lepus arcticus)

Zorro ártico
(Vulpes lagopus)

Oso negro americano
(Ursus americanus)

Águila calva
(Haliaeetus leucocephalus)

Salmón rojo
(Oncorhynchus nerka)

Oso grizzly
(Ursus arctos horribilis)

Nutria marina
(Enhydra lutris)

Pavo salvaje
(Meleagris gallopavo)

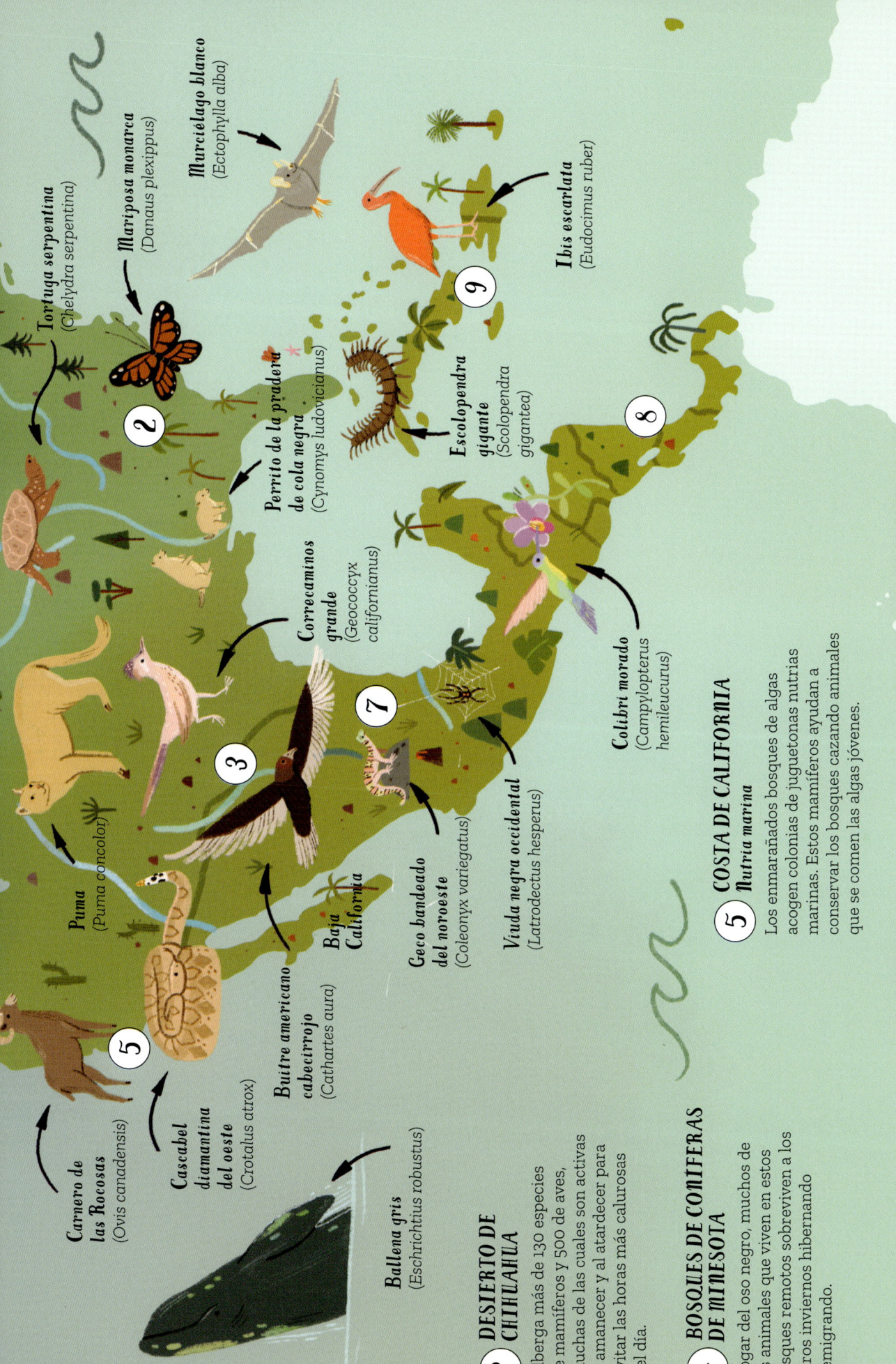

Murciélago blanco
(*Ectophylla alba*)

Tortuga serpentina
(*Chelydra serpentina*)

Mariposa monarca
(*Danaus plexippus*)

Ibis escarlata
(*Eudocimus ruber*)

9

2

Perrito de la pradera de cola negra
(*Cynomys ludovicianus*)

Escolopendra gigante
(*Scolopendra gigantea*)

8

Correcaminos grande
(*Geococcyx californianus*)

Colibri morado
(*Campylopterus hemileucurus*)

3

7

9 EL CARIBE
Este área en el cálido y fértil mar contiene islas repletas de animales y plantas. Cielos luminosos, olas suaves y abundancia de alimentos crean hábitats muy prósperos.

8 CENTROAMÉRICA
Colibri
Es imposible no quedarse boquiabierto al ver colibris sorbiendo néctar. Son una maravilla y, cuanto más se aprende sobre ellos, más emocionantes resultan.

Puma
(*Puma concolor*)

Baja California

Buitre americano cabecirrojo
(*Cathartes aura*)

Geco bandeado del noroeste
(*Coleonyx variegatus*)

Viuda negra occidental
(*Latrodectus hesperus*)

5 COSTA DE CALIFORNIA
Nutria marina
Los enmarañados bosques de algas acogen colonias de juguetonas nutrias marinas. Estos mamíferos ayudan a conservar los bosques cazando animales que se comen las algas jóvenes.

7 MÉXICO
Baja California
Baja California es una península de antiguos desiertos, matorrales, montañas y mar. Es probablemente el mejor lugar del mundo para avistar ballenas migratorias.

Carnero de las Rocosas
(*Ovis canadensis*)

Cascabel diamantina del oeste
(*Crotalus atrox*)

Ballena gris
(*Eschrichtius robustus*)

5

3 DESIERTO DE CHIHUAHUA
Alberga más de 130 especies de mamíferos y 500 de aves, muchas de las cuales son activas al amanecer y al atardecer para evitar las horas más calurosas del día.

4 BOSQUES DE CONÍFERAS DE MINESOTA
Hogar del oso negro, muchos de los animales que viven en estos bosques remotos sobreviven a los duros inviernos hibernando o emigrando.

6 ALASKA
Salmón rojo
El misterioso salmón rojo remonta la corriente desde el océano para desovar en el lugar donde nació. Su vida está llena de transformaciones.

TUNDRA ÁRTICA

La tundra ártica canadiense es una vasta llanura fría y sin árboles en el extremo norte del planeta. La vegetación está formada principalmente por arbustos bajos de raíces cortas, musgos y hierbas. En verano el sol nunca se pone, y en invierno apenas asoma por encima del horizonte: en noviembre llega la noche y no vuelve a amanecer hasta la primavera.

Ansar nival (*Anser caerulescens*)

Visitante estival de la tundra. Llega en mayo para construir su nido en el suelo cálido. Tiene hasta cuatro polluelos y vuela hacia el sur a finales de agosto.

Zorro ártico (*Vulpes lagopus*)

En invierno, su pelaje se vuelve blanco para camuflarse con la nieve.

Bacalao del Atlántico
(*Gadus morhua*)

Era uno de los peces más numerosos del Atlántico norte, pero la sobrepesca ha reducido enormemente su población.

Erizo de mar
(*Strongylocentrotus pallidus*)

Vive en el fondo del mar, donde se alimenta de algas. Una capa de espinas afiladas lo protege de los depredadores.

Tiburón de Groenlandia
(*Somniosus microcephalus*)

Vive probablemente más que cualquier otra especie vertebrada. Se cree que puede alcanzar los 400 años.

El clima de la tundra es frío, seco y muy ventoso. Los inviernos pueden durar diez meses, con temperaturas de −40 °C. Los veranos son cortos, y solo se descongela la capa superior del suelo. La tierra que hay debajo y que permanece siempre congelada se llama «permafrost».

Pocos animales viven en la tundra todo el año, y en verano hay muchas más especies que en invierno. Durante el breve verano aparecen los insectos; entre ellos, un gran número de mosquitos, que son el alimento de las aves migratorias. Cuando vuelve el invierno, los mamíferos de la tundra dependen de adaptaciones especiales que les permiten prosperar en este entorno hostil.

Isla de Ellesmere

Océano Ártico

Isla Victoria

Isla de Baffin

Tundra ártica canadiense

Reno (*Rangifer tarandus*)

Es la única especie de cérvidos en la que tanto el macho como la hembra tienen cornamenta. Emigra al sur durante lo peor del invierno.

Pica de collar
(*Ochotona collaris*)

Almacena para el invierno la vegetación de la que se alimenta escondiéndola bajo las rocas.

Falaropo picofino
(*Phalaropus lobatus*)

Las plumas de la hembra son de tonos más brillantes que las del macho, algo poco habitual.

Liebre ártica (*Lepus arcticus*)

Alrededor del 20 % de su peso corresponde a grasa corporal, que la aísla del frío extremo de la tundra.

MARIPOSA MONARCA

La mariposa monarca tiene uno de los ciclos vitales más asombrosos de todos los animales. La que vive en el oeste, que es más cálido, pasa todo el año en América del Norte, pero la que vive en el este, más frío, cada otoño emigra al sur desde su lugar de cría y pasa el invierno hibernando en los soleados bosques de México.

Bolsero dorsioscuro
(Icterus abeillei)
Es una de las pocas aves que pueden comer mariposas monarca sin enfermar.

Muy ocupadas
Cada hembra puede poner unos mil huevos en pocos días.

Exigentes
Es una especie selecta con la comida. Necesita la planta del algodoncillo para sobrevivir: aquí es donde la hembra pone los huevos, las hojas proporcionan alimento a las larvas en crecimiento y las flores ofrecen néctar a los adultos.

Antenas
Tiene órganos sensoriales en las patas y la cabeza que la ayudan a identificar las plantas.

Tentempié frutal
Algunos jardineros les dejan trozos de sandía u otras frutas maduras ricas en azúcar para ayudarlas a repostar durante su largo viaje migratorio.

En primavera, las mariposas regresan a América del Norte. El viaje es de unos 4800 km y la mayoría de las monarcas solo viven unas cuatro semanas. No es tiempo suficiente para completar el viaje, así que se detienen y crían por el camino. Los ejemplares que emprenden la migración nunca llegarán al norte, pero sus crías sí. Los adultos se aparean, ponen huevos y mueren. De los huevos eclosionan larvas que luego se transforman en mariposas y continúan el vuelo hacia el norte en una especie de relevo. Esto ocurre tres o cuatro veces antes de que las monarcas migratorias lleguen finalmente a su hogar de verano.

VERANO

VERANO

América del Norte

PRIMAVERA

Océano Atlántico

Océano Pacífico

Golfo de México

Viaje peligroso
Vuelan muy cerca del suelo y muchas mueren atropelladas.

¡Cuidado!
Las alas tienen una pigmentación brillante para advertir a los depredadores de que contienen veneno y saben muy mal.

Una ayuda
Hay personas que plantan algodoncillo a lo largo de las rutas migratorias de esta mariposa para ayudarla.

DESIERTO DE CHIHUAHUA

Se extiende desde el suroeste de Estados Unidos y cruza la frontera hasta el norte de México. Los desiertos son zonas con precipitaciones muy escasas. Todos son secos, pero no todos son calurosos. El de Chihuahua se encuentra en una meseta elevada entre altas cadenas montañosas y puede hacer mucho frío, sobre todo por la noche, cuando la temperatura suele bajar hasta los cero grados.

Águila real
(*Aquila chrysaetos*)

Necesita salientes en altos acantilados para construir sus enormes nidos.

Carnero de las Rocosas
(*Ovis canadensis*)

Los sólidos cuernos curvados del macho pueden pesar hasta 14 kg. Los utilizan para ahuyentar a otros machos y para defenderse de los depredadores.

Hormiga mielera (*Myrmecocystus*)

Almacena comida en su cuerpo para usarla cuando no hay alimento. Se le hincha tanto el abdomen que quintuplica su tamaño normal.

Mantis del noroeste
(*Stagmomantis limbata*)

Una mantis cazadora espera en una rama durante horas con las patas delanteras dobladas hacia atrás y lista para atacar. Parece una persona arrodillada rezando, por eso se las llama «mantis religiosa».

Perrito de la pradera de cola negra
(*Cynomys ludovicianus*)

Este roedor vive en colonias que contienen un complicado laberinto de túneles subterráneos donde los animales duermen y se reproducen.

Cascabel diamantina del oeste (*Crotalus atrox*)

El sonido de cascabel de esta serpiente se produce al hacer vibrar secciones duras de la cola que están hechas de queratina, como las uñas.

Mariposa cometa negra
(*Papilio polyxenes*)

El macho tiene manchas amarillas brillantes en las alas. Esto atrae a las hembras, pero también lo hace más propenso a ser visto (y capturado) por los depredadores que las hembras, menos brillantes.

Antílope americano
(*Antilocapra americana*)

No es un verdadero antílope. Es la última especie viva de una familia de animales de pastoreo casi extinta.

En las épocas más secas del año, los animales visitan regularmente el río Bravo para beber. Este río atraviesa el desierto y nunca se seca. Su agua es de vital importancia para el ecosistema del desierto.

El de Chihuahua es el mayor desierto de América del Norte y alberga una lista sorprendentemente larga de especies animales. Algunos son solo de arena y rocas, pero el de Chihuahua es un desierto de arbustos, lo que significa que tiene plantas de bajo crecimiento diseminadas por el paisaje.

EE. UU.

Desierto de Chihuahua

México

Monstruo de Gila
(Heloderma suspectum)
Es el único lagarto venenoso de América del Norte. Se mueve lentamente y rara vez muerde a los humanos. Se alimenta de pequeños mamíferos, lagartos e insectos.

Liebre de California
(Lepus californicus)
Sus enormes orejas tienen una red de vasos sanguíneos que transportan el calor. También actúan como un radiador, que deja escapar el calor y mantiene fresco al animal.

Pecarí de collar
(Pecari tajacu)
Vive en grupos de unos 15 ejemplares y suele alimentarse de frutas, raíces y plantas.

Puma *(Puma concolor)*
Se lo conoce con gran cantidad de nombres, como león de montaña, león americano o pantera, debido a la enorme amplitud geográfica de su hábitat.

Sapo de puntos rojos
(Anaxyrus punctatus)
Vive en zonas rocosas del desierto.

Correcaminos grande
(Geococcyx californianus)
Puede alcanzar una velocidad de 32 km/h.

BOSQUES DE CONÍFERAS

Los bosques de coníferas de Minesota son frescos y húmedos. Contienen árboles de hoja perenne con aromáticas agujas y piñas. Llenos de mosquitos en verano y cubiertos de nieve en invierno, estos antiguos bosques acogen multitud de aves: carboneros, pinzones, pájaros carpinteros, azores y cuervos pasan aquí al menos una parte del año. Protegidos por ley, las principales amenazas de estos bosques son los tornados y los incendios forestales. La zona de Minesota forma parte del bosque boreal, el mayor bioma del mundo, es decir, una comunidad de plantas y animales que viven en un clima similar.

Minesota está en una de las rutas migratorias de aves más transitadas de América del Norte. En otoño, millones de aves vuelan hacia el sur, más cálido, y, al mismo tiempo, otras llegan del norte huyendo de las inclemencias del Ártico. En primavera, muchas regresan. En mayo, los bosques cuentan con 150 especies diferentes. Tanto las aves residentes como las migratorias se reproducen rápido para aprovechar al máximo el corto verano.

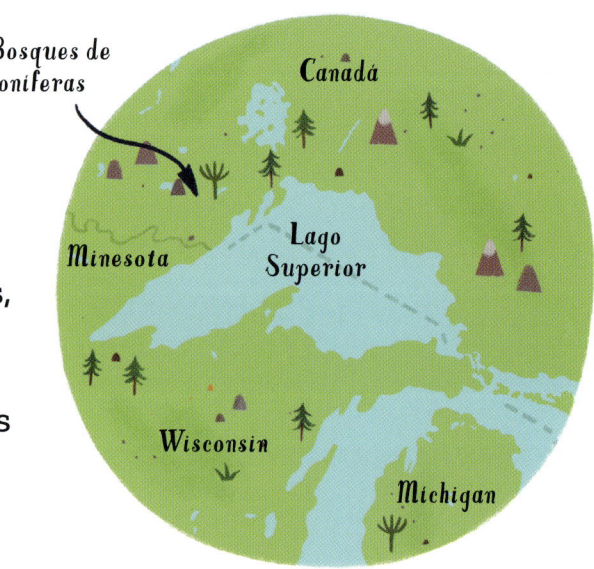

Bosques de coníferas

Canadá

Minesota

Lago Superior

Wisconsin

Michigan

Búho americano
(Bubo virginianus)
Tiene una envergadura alar de 1,5 m y no puede volar fácilmente por zonas de densa vegetación. Anida en los límites del bosque, pero caza en zonas más abiertas.

Pavo salvaje
(Meleagris gallopavo)
Duerme en lo alto de los árboles, lejos de depredadores como linces y coyotes.

Tortuga serpentina
(Chelydra serpentina)
Gran cazadora. No tiene dientes, pero su afilado pico corta como un cuchillo.

Polilla daga americana *(Acronicta americana)*
Los largos pelos de las orugas jóvenes están recubiertos de una sustancia química urticante.

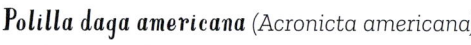

Cigarra periódica de Cassin
(Magicicada cassinii)

De los huevos eclosionan larvas que excavan en el suelo para alimentarse de raíces. Pasados 17 años, emergen del suelo, mudan la piel y se convierten en adultos alados.

Saltamontes del roble
(Platycostis vittata)

Se alimenta de la savia dulce que hay bajo la corteza de los robles.

Ardilla voladora de Humboldt
(Glaucomys oregonensis)

Planea como un avión de papel estirando la piel que tiene entre las patas delanteras y traseras.

Salamandra tigre barrada
(Ambystoma mavortium)

Los adultos pasan la mayor parte de su vida bajo tierra.

Oso negro americano
(Ursus americanus)

Hiberna durante el invierno, cuando es difícil encontrar alimento.

Puercoespín norteamericano
(Erethizon dorsatum)

Es un roedor. El adulto tiene unas 30 000 púas afiladas, que utiliza para defenderse y mantenerse caliente.

Comercio de pieles

En el pasado, las nutrias marinas poseían la piel más cara del mundo. Un cazador llegó a matar 1000 animales en un solo año.

Encuentro en canoa

A veces, se suben a las canoas y descansan junto al barquero.

Sueño seguro

Cuando duermen, las nutrias marinas giran en el agua para enredarse entre las algas, que hacen de ancla y evitan que se vayan flotando con la marea.

Protectoras

Las nutrias ayudan a proteger los bosques de algas. Cazan erizos de mar, que son animales con un voraz apetito de algas.

Grupo flotante

Son animales muy sociables y suelen reunirse en grupos. Cada grupo puede constar de hasta 100 nutrias; por lo general, todas hembras o todos machos. También suelen enlazar las patas para permanecer unidas.

Inteligencia

Utilizan herramientas para abrir los moluscos. Flotan sobre su espalda con una piedra plana apoyada en el estómago. Luego, golpean con fuerza el molusco contra la piedra hasta que la concha se rompe.

California

Santa Cruz

Santa Bárbara

Área de distribución de la nutria marina

México

NUTRIA MARINA

De lejos, una mancha oscura que se mece entre las algas parece madera flotante, pero, de cerca, es una balsa de nutrias unidas que juegan en el agua. Las nutrias marinas viven en la costa occidental de América del Norte y Canadá. Pasan la mayor parte de su vida en el mar, rara vez llegan a tierra; comen, duermen e incluso dan a luz en el agua. Esta agua es fría y las nutrias necesitan mucho alimento que les proporcione la energía necesaria para mantenerse calientes: en un solo día pueden comer el equivalente al 40 % de su peso corporal. También tienen el pelaje más denso de todos los mamíferos.

Su pelaje las convirtió en objetivo de los cazadores, que vendían sus pieles. Desde que se prohibió su caza, la población de nutrias ha aumentado, aunque sigue siendo una especie amenazada.

SALMÓN ROJO

En las gélidas aguas del Pacífico norte vive este pez lleno de sorpresas. El salmón rojo nace en arroyos de agua dulce y permanece en ellos hasta los tres años. Luego viaja al mar, donde se alimenta de los diminutos animales que forman el zooplancton, y crece rápidamente. Permanece en el océano entre uno y cuatro años.

Tiene los lados plateados con puntos negros y la parte superior azulada. Cuando regresa al lugar donde nació, río arriba, el cuerpo se le vuelve rojo brillante y la cabeza, verdosa. Los machos en edad reproductora desarrollan una joroba en la espalda y mandíbulas ganchudas llenas de afilados dientes. Tanto los machos como las hembras mueren pocas semanas después del desove. En su viaje para aparearse y desovar, nadan en grandes grupos y, cuando se cansan, son el alimento de muchos otros animales.

Oso pardo
(Ursus arctos)
Espera en la orilla de los ríos para capturar los salmones que nadan aguas arriba.

Regreso a casa
Después del verano, miles de salmones adultos nadan juntos río arriba hacia el lugar donde nacieron.

El *águila calva* es experta en capturar los salmones que se acercan a la superficie del agua.

Océano Ártico

Alaska

Canadá

Océano Pacífico

Área de distribución del salmón rojo

La **nutria de río del norte** (*Lontra canadensis*) se alimenta de cara al invierno.

El **zorro rojo** (*Vulpes vulpes*) se lleva y almacena los salmones muertos al final del desove.

Los huevos eclosionan a los 3 meses.

El adulto muere 2 semanas después de desovar en su río natal.

Los recién nacidos se alimentan del saco vitelino de su huevo.

A las 5-10 semanas de edad, los alevines ya nadan libres.

A los 3 meses, los juveniles desarrollan rayas laterales.

El adulto pasa 1-5 años en el mar.

A los 1-3 años de edad, se adaptan al agua salada y viajan al mar.

BAJA CALIFORNIA

En la península mexicana de Baja California viajas atrás en el tiempo. Aquí, los buitres descansan sobre enormes cactus, las serpientes se arrastran por caminos solitarios y miles de aves zancudas buscan alimento en las playas. Gran parte de este árido paisaje tiene el mismo aspecto que hace 10 000 años. El clima es cálido; solo en las montañas es más fresco y húmedo.

Esta península, larga y estrecha, está separada de la mayor parte de México por el golfo de California. Las aguas cristalinas y turquesas del golfo se conocen como el «acuario del mundo». En ellas vive alrededor de un tercio de las especies de mamíferos marinos del mundo y es, posiblemente, el mejor lugar para ver ballenas de cerca durante sus migraciones. La temporada de avistamiento transcurre de diciembre a abril, y se pueden ver distintas especies: jorobada, rorcual común, azul, boba, enana... Este es uno de los motivos por los que Baja California se ha convertido en un popular destino ecoturístico.

Mariposa Quino
(Euphydryas editha quino)

Esta extraordinaria mariposa se ha adaptado a la pérdida de hábitat y al cambio climático trasladándose a zonas más altas y frías. Incluso se alimenta de nuevas plantas.

Tortuga nebulosa
(Trachemys nebulosa)

A veces se la ve tomando el sol junto al agua dulce. Si se la molesta, se desliza rápidamente hacia el agua.

Zarapito americano *(Numenius americanus)*

Con su pico largo y fino sondea el barro en busca de alimento. La punta es muy sensible y le permite percibir el movimiento de pequeños animales escondidos.

Ballena gris
(Eschrichtius robustus)
Las cálidas aguas de la península de Baja California son el lugar de cría de la ballena gris. Los visitantes pueden verlas de cerca desde pequeñas embarcaciones.

Buitre americano cabecirrojo
(Cathartes aura)
También se lo conoce como «buitre pavo» por la cabeza, roja y calva, que recuerda a la de un pavo.

Geco bandeado del noroeste
(Coleonyx variegatus)
Este reptil nocturno suele cazar cerca de las farolas. Se alimenta de polillas y otros insectos atraídos por la luz artificial.

Rayador americano *(Rynchops niger)*
Vuela bajo sobre el mar con la parte inferior del pico cortando el agua. Cuando toca un pez, el pico se cierra rápidamente para atraparlo.

Culebrita arenera variable
(Chilomeniscus stramineus)
Esta pequeña serpiente encuentra a sus presas bajo la superficie de la arena. Es difícil verla, pero se puede detectar el movimiento de la arena mientras caza.

Viuda negra occidental
(Latrodectus hesperus)
Se la reconoce por el dibujo en forma de reloj de arena rojo que tiene en el abdomen.

43

Colibrí morado (*Campylopterus hemileucurus*)
Los colibrís pueden ser muy confiados, pero defenderán su fuente de alimento contra animales mucho más grandes. El colibrí morado incluso ahuyenta a los halcones.

Colibrí nuquiblanco
(*Florisuga mellivora*)
Suele encontrarse en la copa de los árboles, pues allí es donde se alimenta.

Patas débiles
Las patas del colibrí no son fuertes. Puede posarse en las ramas, pero es incapaz de caminar o saltar.

Colibrí de garganta violeta
(*Selasphorus ellioti*)
Los colibrís machos tienen plumas iridiscentes, lo que quiere decir que brillan y parecen cambiar de color con la luz.

Mamá colibrí
Las hembras cuidan de los polluelos. Los alimentan con néctar y pequeños insectos.

COLIBRÍ

Es un ave excepcional, la más llamativa de todas, con sus plumas iridiscentes. Puede comer diariamente el doble de su propio peso. El colibrí abeja es el ave más pequeña del mundo; ¡pesa lo mismo que un clip!

La frecuencia cardíaca de una persona es de aproximadamente 70 latidos por minuto; ¡la del colibrí es de 1250! En reposo, inspira y expira 250 veces por minuto, y más rápido todavía cuando vuela.

El colibrí bate también las alas más rápido que cualquier otra especie: hasta 200 aleteos por segundo. Esto provoca un zumbido; por eso también se lo conoce como «pájaro mosca».

Existen unas 350 especies de colibrís. La mayoría viven en los trópicos cálidos, pero algunas especies emigran a zonas de reproducción en primavera. El colibrí rufo vuela cada año 6400 km desde México hasta Alaska y viceversa.

Bocaracá (*Bothriechis schlegelii*)

Esta víbora diminuta que caza en los árboles es uno de los pocos depredadores que tiene el veloz colibrí.

Océano Atlántico

América Central

Mar Caribe

Océano Pacífico

Coqueta crestirrojiza
(*Lophornis delattrei*)

El macho y la hembra tienen un plumaje diferente. La hembra, con plumas menos brillantes que el macho, se oculta mejor cuando está en el nido.

¿A dormir?

Los colibrís no duermen de noche, sino que entran en un estado de letargo. El ritmo cardíaco disminuye y la temperatura baja, lo que los ayuda a conservar energía.

¡A comer!

Se alimentan principalmente del néctar de las flores, muy rico en energía. El néctar artificial en comederos especiales puede atraer a cientos de pájaros, que acuden en masa para aprovechar este suministro de alimento.

Colibrí oreja violeta
(*Colibri thalassinus*)

Las brillantes plumas del macho le sirven para atraer a su pareja.

Colibrí pochotero
(*Heliomaster constantii*)

La mayoría se alimentan de insectos voladores siempre que pueden.

Acróbatas aéreos

Son las únicas aves que pueden volar hacia los lados, hacia atrás o quedarse suspendidas en un punto.

Nidos

Las hembras normalmente ponen dos huevos en cada nido.

EL CARIBE

Desde playas arenosas y aguas color turquesa hasta exuberantes interiores llenos de plantas y animales, cada isla del Caribe es única. El mar Caribe y las islas están catalogados como punto caliente de biodiversidad, esto es, una zona que contiene una asombrosa variedad de especies endémicas, pero que también están amenazadas por la actividad humana.

En algunas islas, las especies introducidas son motivo de preocupación. En determinadas zonas se han liberado monos, mangostas y caracoles gigantes africanos, que cazan especies locales o compiten por el alimento, y tienen un fuerte impacto en el hábitat.

Gran parte de la fauna emblemática del Caribe no se encuentra en ningún otro lugar. Pero las islas disponen de un espacio limitado y los animales no tienen adónde ir si se destruye un hábitat, por lo que muchas son ahora reservas naturales, y hoy se intenta proteger estos ecosistemas sensibles.

Ibis escarlata
(Eudocimus ruber)
Vive en grandes bandadas. Por la noche, puede haber 25 000 aves descansando en el pantano Caroní, en Trinidad y Tobago.

Gusano árbol de Navidad
(Spirobranchus giganteus)
Gusano marino que se alimenta atrapando el plancton con sus brazos en forma de abanico, que recuerdan a un árbol de Navidad.

Escolopendra gigante
(Scolopendra gigantea)
Este depredador puede alcanzar 25 cm de largo. Tiene una mordedura muy venenosa que rara vez mata a los humanos, pero que es muy dolorosa.

Geco de la isla Unión
(Gonatodes daudini)
Es extremadamente raro: solo vive en un pequeño bosque de una pequeña isla. Su población está disminuyendo rápidamente porque los cazadores furtivos lo venden en el comercio de animales exóticos.

Almiquí dominicano *(Solenodon paradoxus)*
Tiene una articulación esférica en el largo hueso de la nariz, lo que le permite moverla con mucha destreza.

Araña panadera (*Gasteracantha cancriformis*)
Mata a sus presas con un veneno que también convierte en líquido el interior de su cuerpo. Después, se alimenta succionando la presa licuada a través de un tubo largo y delgado, como si sorbiera con una pajita.

Trogón de la Española
(*Priotelus roseigaster*)
Esta ave cambia constantemente el volumen de su canto, lo que dificulta su localización.

Murciélago blanco
(*Ectophylla alba*)
Este inteligente animal corta los tallos de las plantas para que las hojas se plieguen y creen pequeños refugios que recuerdan a una tienda de campaña.

Jutía conga
(*Capromys pilorides*)
Este tímido roedor vive en la isla de Cuba y tiene un caminar lento y contoneante.

Loro de San Vicente
(*Amazona guildingii*)
Se le llama así porque sus plumas son amarillas, azules y verdes, igual que la bandera nacional del archipiélago caribeño de San Vicente.

Corredora de Antigua
(*Alsophis antiguae*)
Es una de las serpientes más raras del mundo. Las mangostas y las ratas han reducido mucho su población.

AMÉRICA DEL SUR

El caudaloso río Amazonas es el corazón de la selva amazónica, la mayor selva tropical del planeta. Este complejo ecosistema alberga una extraordinaria cantidad de especies. Pero este es solo uno de los ricos y variados hábitats del continente, cada uno de los cuales da cobijo a fauna especializada. Los animales de la selva tropical nunca podrían sobrevivir en las frías laderas azotadas por el viento de los Andes o en las abiertas praderas de Paraguay, donde los árboles son escasos. Cada entorno ofrece una combinación única de refugio, alimento, agua y temperatura, y la mayoría de las especies han evolucionado para vivir en un solo tipo de hábitat.

La idea de que los animales se adaptan y evolucionan según su entorno surgió a raíz de un viaje que hizo Charles Darwin a las islas Galápagos en 1835. Allí descubrió especies de reptiles y aves que originalmente habían vivido en el continente, pero que habían cambiado para prosperar en su nuevo hábitat insular. Las Galápagos siguen siendo uno de los mejores lugares para ver animales de cerca.

Los doce países sudamericanos han introducido proyectos de conservación diseñados para proteger los hábitats y la fauna amenazados. Hace sesenta años, por ejemplo, las ballenas se estaban convirtiendo en una rareza en el sur del Atlántico. Tras prohibirse la caza comercial en estas aguas, la población empezó a recuperarse y, actualmente, albergan 51 especies de ballenas y delfines.

Guacamayo escarlata
(Ara macao)

Nutria gigante
(Pteronura brasiliensis)

Escarabajo hércules
(Dynastes hercules)

Mono aullador rojo de Juruá
(Alouatta puruensis)

Jaguar
(Panthera onca)

Selva amazónica

Piraña
(Pygocentrus spp.)

Águila arpía
(Harpia harpyja)

Leptogenys
(Leptogenys spp.)

Oso melero
(Tamandua tetradactyla)

Iguana marina
(Amblyrhynchus cristatus)

Mantarraya
(Manta birostris)

Caimán de anteojos
(Caiman crocodilus)

Rabihorcado grande
(Fregata minor)

Morfo azul andina
(Morpho peleides)

Pez loro azul
(Scarus coeruleus)

Tiburón ballena
(Rhincodon typus)

1 VENEZUELA Y GUAYANAS

Llenos de animales, estos países tienen pastizales fértiles, bosques y grandes cauces fluviales.

2 COLOMBIA

Las diminutas termitas son asombrosas: ¡las colonias nunca dejan de comer! El peso total de todas las termitas del planeta es superior al peso total de la población humana.

3 ECUADOR
Islas Galápagos

Las islas volcánicas de Galápagos son el hogar de lagartos submarinos, aves con bolsas rojas en la garganta y peces que andan.

4 PERÚ
Pirañas

Los bancos de pirañas cazan en lagos y ríos. Se dice, quizá exageradamente, que incluso se dan festines de nadadores humanos.

5 BRASIL
Parque Nacional del Jaú

Las especies amazónicas son difíciles de contar. Los científicos han identificado 430 mamíferos, 1300 aves, 3000 peces y unos 2,5 millones de insectos.

6 BOLIVIA
Cóndor andino

Escasos y diseminados por los Andes, los cóndores andinos sobrevuelan las montañas. Esta es un ave mítica y el ave nacional de Bolivia.

7 PARAGUAY Y URUGUAY

Las praderas son lugares abiertos con pocos árboles. Las lluvias estacionales pueden inundar la zona y generar una explosión de vida extraordinaria.

8 ARGENTINA
Parque Nacional Tierra del Fuego

Costas rocosas, montañas y bosques, ¿cómo llegaron estas remotas islas a recibir el nombre de Tierra del Fuego?

9 OCÉANO ATLÁNTICO

Este océano, supersalado, rebosa de vida tanto dentro como fuera del agua. Cada año se hacen nuevos descubrimientos en las profundidades.

Delfín rosado
(Inia geoffrensis)

Cóndor andino
(Vultur gryphus)

Carpintero negro
(Campephilus magellanicus)

Huemul
(Hippocamelus bisulcus)

VENEZUELA y GUAYANA

La región de las Guayanas es un tesoro escondido en el noreste de América del Sur. Se trata de tres países diferentes: Surinam, Guayana Francesa y Guyana. La palabra *Guayana* significa «tierra de muchas aguas». Junto con Venezuela, forman una de las regiones con mayor biodiversidad del mundo. Aquí se han registrado más de 3000 especies de animales vertebrados; entre ellas, algunas de las más amenazadas de todo el continente.

El clima de los cuatro países incluye tanto altas temperaturas como elevadas precipitaciones. La estación lluviosa provoca inundaciones estacionales, y muchos animales han evolucionado para vivir en el agua o en los árboles. Alrededor de la mitad del suelo está cubierto de bosques. Un alto porcentaje de ellos está protegido a través de parques nacionales, donde están prohibidas la caza y la tala. La población humana es baja, por lo que los bosques no están tan amenazados por la agricultura como los de otras regiones tropicales.

Vampiro común *(Desmodus rotundus)*

En lugar de succionar la sangre de sus presas, este murciélago hace un pequeño rasguño en la piel del animal y lame la sangre que brota.

Sapo de Surinam
(Pipa pipa)

Este extraordinario sapo lleva a sus crías en la espalda. La hembra pone huevos que se hunden en depresiones de la piel; luego la piel se cierra sobre los huevos y, más tarde, emergen pequeñas ranas.

Escarabajo hércules *(Dynastes hercules)*
Es tan fuerte que puede levantar hasta 100 veces su propio peso.

Tortuga matamata
(Chelus fimbriata)
Tiene un caparazón rugoso y con nudos que parece un tronco podrido. Gracias a él puede camuflarse en el agua mientras espera para capturar los peces que pasan.

Hoacin
(Opisthocomus hoazin)
Mal volador, se alimenta de hojas y flores que encuentra trepando por los árboles.

Yapok *(Chironectes minimus)*
También llamado «zorro acuático», caza animales pequeños en ríos y lagos.

Hormiga cortadora de hojas
(Atta colombica)

Mastica las hojas del suelo hasta convertirlas en una pulpa blanda, que le sirve de fertilizante para cultivar los hongos de los que se alimenta.

Océano Atlántico

Venezuela

Surinam

Guyana

Guayana Francesa

Basilisco común
(Basiliscus basiliscus)

Este lagarto corre literalmente sobre el agua. Su bajo peso corporal, gran velocidad y dedos anchos le impiden hundirse bajo la superficie.

Águila arpía
(Harpia harpyja)

Caza monos y perezosos en las copas de los árboles.

Tarántula pajarera
(Theraphosa blondi)

A pesar de su nombre, se alimenta principalmente de insectos.

Nutria gigante *(Pteronura brasiliensis)*

En algún momento vivió en numerosos humedales de América del Sur. Actualmente solo se encuentran poblaciones estables en los bosques de las Guayanas.

Leptogenys
(*Leptogenys* spp.)

Las termitas se parecen a las hormigas, pero es un grupo de insectos diferentes. Esta hormiga está especializada en cazar termitas.

Hormiguerito de pecho negro
(*Formicivora grisea*)

Las termitas son una parte importante de la dieta de estas aves. Vivir cerca de nidos de termitas les garantiza un suministro constante de alimento.

Hongos

Al igual que las termitas, los hongos también descomponen la madera y liberan sus nutrientes en el suelo.

COLOMBIA

Las termitas son uno de los animales más pequeños de la selva tropical, pero, también, de los más importantes. El suelo de la selva es pobre en nutrientes: la mayoría de ellos están contenidos en los árboles gigantes y ahí permanecen hasta que el árbol muere y se descompone; es entonces cuando pueden ser absorbidos por el suelo y por otras plantas. Sin embargo, los enormes árboles tardan muchos años en descomponerse sin ayuda, pero tienen una: ¡las termitas! Estos insectos se comen la madera muerta y sus excrementos devuelven al suelo los nutrientes, que luego utilizan las plantas. Una sola termita no puede ingerir suficiente madera para que se note el efecto, pero en la selva hay miles de millones de ellas, de muchas especies. Sus nidos suelen estar muy cerca unos de otros y a menudo se pelean por el territorio. Son pequeñas y ciegas, pero sin ellas no existirían las selvas tropicales tal y como las conocemos.

Rana dardo dorada
(*Phyllobates terribilis*)

Esta rana es el animal más venenoso del planeta: contiene suficiente veneno para matar a diez humanos, pero lo único que come son termitas y hormigas.

Nidos

Un nido de termitas en el suelo puede llegar a medir 3 m de altura y contener la asombrosa cifra de 2 millones de termitas.

Venezuela

Océano Pacífico

Colombia

Ecuador

Perú

Brasil

Armadillo gigante
(Priodontes maximus)

Utiliza sus garras fuertes y curvadas para destruir los nidos de termitas. Pesa hasta 35 kg y puede comerse una colonia entera en una sola noche.

Oso melero
(Tamandua tetradactyla)

Algunas especies de termitas construyen nidos en lo alto de los árboles. Hasta allí llega el pequeño y ágil oso melero. No tiene dientes, pero tampoco los necesita: se traga las termitas enteras.

Rabihorcado grande
(Fregata minor)
El macho tiene una zona de piel elástica bajo la garganta que se expande como un globo rojo. La utiliza para atraer parejas en la época de apareamiento.

Islas Galápagos

Océano Pacífico

Cormorán de las Galápagos
(Phalacrocorax harrisi)
Ha perdido la capacidad de volar porque en las islas no hay grandes depredadores y abunda el alimento.

Mantarraya
(Manta birostris)
Los científicos no saben por qué esta manta gigante salta a gran altura fuera del agua. Podría ser una forma de comunicación o un intento de desprenderse de los parásitos que se le adhieren al cuerpo.

León marino de las Galápagos
(Zalophus wollebaeki)
Pariente del león marino de California, ha evolucionado por separado lo suficiente para formar una especie nueva.

Pinzón cantor verde
(Certhidea olivacea)
Pertenece al grupo de los pinzones de Darwin. Cada especie tiene el pico de una forma diferente, adaptado a la alimentación de su isla de origen.

ISLAS GALÁPAGOS

Las islas Galápagos pertenecen a Ecuador. Están a 1000 km de la costa y son famosas por ser el lugar que inspiró la teoría de la evolución de Charles Darwin. El archipiélago contiene más de cien islas sobre volcanes submarinos gigantes que ocasionalmente entran en erupción. Las aves pueden volar a las Galápagos, pero a otros animales les resulta difícil llegar.

Los reptiles e invertebrados llegaron probablemente en troncos flotantes desde América del Sur. Los murciélagos y las ratas de arroceras (*Aegialomys galapagoensis*) son los únicos mamíferos terrestres autóctonos de las islas. La caza aquí está prohibida, y los animales no temen la presencia humana.

Hay una pequeña red de senderos que los visitantes pueden explorar, pero la mayor parte del paisaje está vetado a los humanos y reservado solo para la fauna silvestre.

Pingüino de las Galápagos
(*Spheniscus mendiculus*)
La vida en el ecuador sería demasiado calurosa para los pingüinos sin las frías corrientes antárticas que fluyen hasta las islas.

Iguana marina
(*Amblyrhynchus cristatus*)
Descendiente de iguanas terrestres de América del Sur, evolucionó hasta convertirse en una nueva especie que vive en la costa y se alimenta de algas.

Cangrejo rojo de roca
(*Grapsus grapsus*)
Vive en casi todas las playas de Galápagos.

Gaviota de lava (*Leucophaeus fuliginosus*)
Endémica de las islas Galápagos, es una de las gaviotas más raras del mundo, con una población total de unas 500 aves.

PIRAÑAS

Las pirañas tienen una mala fama que no se merecen. En el cine, a menudo aparecen como peces asesinos que atacan al instante y dejan un cuerpo limpio en pocos minutos. En realidad, hay muchas especies de peces depredadores, y las pirañas desempeñan una útil función como carroñeras: limpian los ríos y evitan la propagación de enfermedades.

Las pirañas matan animales vivos, pero prefieren alimentarse de invertebrados acuáticos y carroña, es decir, animales muertos; solo cazan animales vivos cuando no encuentran nada más que comer. Los ataques a humanos son muy raros y la mayoría de las veces se trata de un rápido mordisco en algún dedo del pie.

Tradicionalmente, las pirañas han formado una parte importante de la dieta de los pueblos indígenas, que también utilizan sus afilados dientes como herramientas cortantes. Para ello, atrapan a la piraña poniéndole un cebo con un pequeño trozo de carne suspendido en el agua.

Garza cuca
(Ardea cocoi)
Esta ave no puede masticar y se traga las pirañas enteras.

Caimán de anteojos
(Caiman crocodilus)
Es el depredador más frecuente de las pirañas.

Piraña de vientre rojo
(Pygocentrus nattereri)
Vive en grandes grupos, llamados «bancos», para protegerse de los depredadores.

Juego de números
Las hembras ponen hasta 5000 huevos, pero solo unos pocos sobreviven hasta la edad adulta.

Dentadura
Los dientes de las pirañas son triangulares y puntiagudos, con los bordes afilados como cuchillas. En la lengua tupí local, *piraña* significa «pez dentudo».

De pesca

Los habitantes de la selva amazónica pescan pirañas con un hilo fuerte y un anzuelo.

Gran olfato

Las pirañas pueden percibir la sangre en el agua hasta a 3 km de distancia.

Brasil

Océano Pacífico

Perú

Otras especies de piraña incluyen a la *piraña vegetariana* (*Tometes camunani*) y a la *piraña negra* (*Serrasalmus rhombeus*); ¡la mordedura de este pez es más potente que la de un tiburón!

Frenesí alimentario

Las pirañas se pelean entre ellas cuando encuentran un animal muerto en el agua. Es lo que se conoce como «frenesí alimentario».

Delfín rosado

(*Inia geoffrensis*)

Vive en agua dulce, y las pirañas forman una parte importante de su dieta.

PARQUE NACIONAL DEL JAÚ

Se encuentra en el corazón del Amazonas, y es la mayor reserva de selva tropical de América del Sur. Protege un hábitat y una fauna gravemente amenazados en otras partes del continente. Las selvas tropicales albergan el 50 % de todas las especies terrestres conocidas, pero ocupan solo el 2 % de la superficie del planeta.

Las lluvias diarias, las inundaciones estacionales, la humedad y el calor se combinan para crear el hábitat terrestre más complejo de todos. Las selvas tropicales se estructuran en capas, y la fauna se reparte en las diferentes alturas del bosque. En el suelo viven animales como hormigas, termitas y babosas. La siguiente capa es el sotobosque, que recibe más luz y acoge pájaros pequeños, ranas arborícolas, mariposas y monos. El dosel es el techo del bosque, donde viven y se alimentan los perezosos. Por último, en la capa emergente de los árboles más altos, se pueden encontrar águilas y otras aves grandes.

Perezoso
(Bradypus variegatus)
Se mueve muy despacio, a una velocidad media de 240 m/h.

Mono aullador rojo de Juruá
(Alouatta puruensis)
Es muy ruidoso. Defiende su territorio con aullidos que pueden oírse a 5 km de distancia; son los más fuertes de entre todos los animales terrestres.

Jaguar *(Panthera onca)*
El mayor depredador del Amazonas; ningún otro animal supone una amenaza para él.

Mariposa caimán
(Fulgora laternaria)
Cuando se siente amenazada, abre las alas para mostrar las manchas oculares que le hacen parecer un animal mucho más grande.

Caballito helicóptero gigante
(Megaloprepus caerulatus)
Caza en el sotobosque, y se alimenta de las grandes arañas que construyen sus telas entre las ramas.

Guacamayo escarlata
(Ara macao)
Es una de las aves más inteligentes.

Saltamontes liquen
(Markia hystrix)
Para esconderse, se camufla entre los musgos y los líquenes que prosperan en las selvas tropicales.

Titi pigmeo
(Cebuella pygmaea)
Este diminuto primate hace agujeros en la corteza de los árboles y se alimenta de la savia azucarada de su interior.

Gusano de terciopelo
(Onychophora spp.)*
Vive en el suelo húmedo de la selva tropical.

Escarabajo de cuerno largo
(Macrodontia cervicornis)
Pasa diez años en forma de larva blanca, alimentándose de la madera blanda de los árboles muertos.

Morfo azul
(Morpho peleides)
Tiene una envergadura alar de 20 cm, y sus escamas azules y brillantes reflejan el sol y ahuyentan a los depredadores.

Araña cangrejo de pared
(Selenops)
Muchas arañas viven en la copa de los árboles. Algunas tienen el cuerpo muy plano, y esto les permite planear largas distancias por el aire.

Parque Nacional del Jaú

Brasil

CÓNDOR ANDINO

La envergadura alar del cóndor es aproximadamente de la misma longitud que un coche pequeño. El aleteo no es fácil para él porque es un animal muy pesado, así que sus enormes alas actúan como cometas: el cóndor se deja llevar por el viento y las corrientes de aire cálido. Puede elevarse a 5,5 km de altura y utiliza su aguda visión para buscar alimento en el paisaje que se encuentra debajo.

Despliegue de alas
Cada ala del cóndor es aproximadamente el doble del brazo de un humano adulto.

Juventud
Los jóvenes permanecen con sus padres alrededor de un año antes de partir en busca de su propio territorio.

Identificación
Los cóndores liberados llevan una etiqueta numerada en las alas para poder identificarlos a distancia.

Vuelo
Vuelan sobre corrientes de aire y pueden recorrer más de 300 km al día.

Cabeza
Son calvos: una cabeza sin plumas es más fácil de limpiar después de darse un festín dentro del cuerpo de un animal muerto.

Bebés en tierra
Las crías no pueden volar hasta los seis meses de edad.

El cóndor es un animal carroñero: se alimenta de animales como vacas y ovejas que han muerto en las montañas. Está equipado con un poderoso pico que puede cortar la carne, pero no puede capturar su propia comida: las aves rapaces cazan con garras fuertes y afiladas, pero el cóndor tiene las patas sorprendentemente débiles. De vez en cuando captura animales vivos con el pico, aunque solo especies pequeñas, como insectos y roedores. Estuvo en peligro de extinción, pero ahora se cría en cautividad y se libera después, por lo que su población está creciendo.

Área de distribución del cóndor

Brasil

Perú

Bolivia

Chile

Paraguay

Argentina

Adaptación
Antes de ser liberados, los cóndores criados en cautividad pasan un tiempo en jaulas en las montañas. Esto les permite acostumbrarse a su nuevo entorno.

Comida en compañía
Como muchos carroñeros, los cóndores suelen alimentarse en grupo.

Atracción
Los machos tienen una cresta de piel rosada sobre el pico que puede volverse rojo brillante durante la época de apareamiento.

61

PARAGUAY y URUGUAY

Las tierras bajas de Paraguay y Uruguay albergan amplias llanuras. En este paisaje cálido y abierto se pueden distinguir animales a mucha distancia, pues hay grandes extensiones solo con algún árbol o arbusto ocasional. Los escasos bosques se encuentran en las riberas húmedas de los ríos, y en el centro de la llanura aparecen cientos de especies de pastos. Es la sabana.

Las sabanas prosperan en zonas cálidas con una estación lluviosa y otra seca. Las fuertes lluvias provocan inundaciones y crean ricos hábitats húmedos dentro de un entorno seco: son lugares de cría para algunos animales y abrevaderos para otros. Hoy en día, las praderas sudamericanas se utilizan para el pastoreo de ganado, que no es nativo, sino que fue introducido desde Europa hace unos 350 años. Los animales de granja conviven con la fauna salvaje, pero el número de cabezas de ganado está aumentando y podría amenazar la supervivencia de los animales autóctonos.

Tortuga canaleta oriental (*Acanthochelys spixii*)
El macho se alimenta en el borde de los charcos, mientras que la hembra lo hace en el centro; de este modo, no compiten por el alimento.

Carpincho
(*Hydrochoerus hydrochaeris*)

Es el roedor más grande de todos; puede alcanzar el tamaño de un perro grande.

Rana enana de Cuyaba
(*Physalaemus nattereri*)

Vista desde atrás, esta rana parece tener unos ojos enormes. Estos ojos falsos son marcas en la piel para parecer un animal más grande y espantar depredadores.

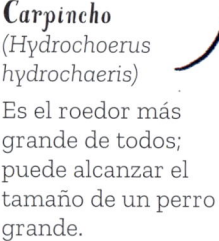

Oso hormiguero gigante
(*Myrmecophaga tridactyla*)
Mete y saca la lengua de los nidos de hormiga hasta 150 veces por minuto.

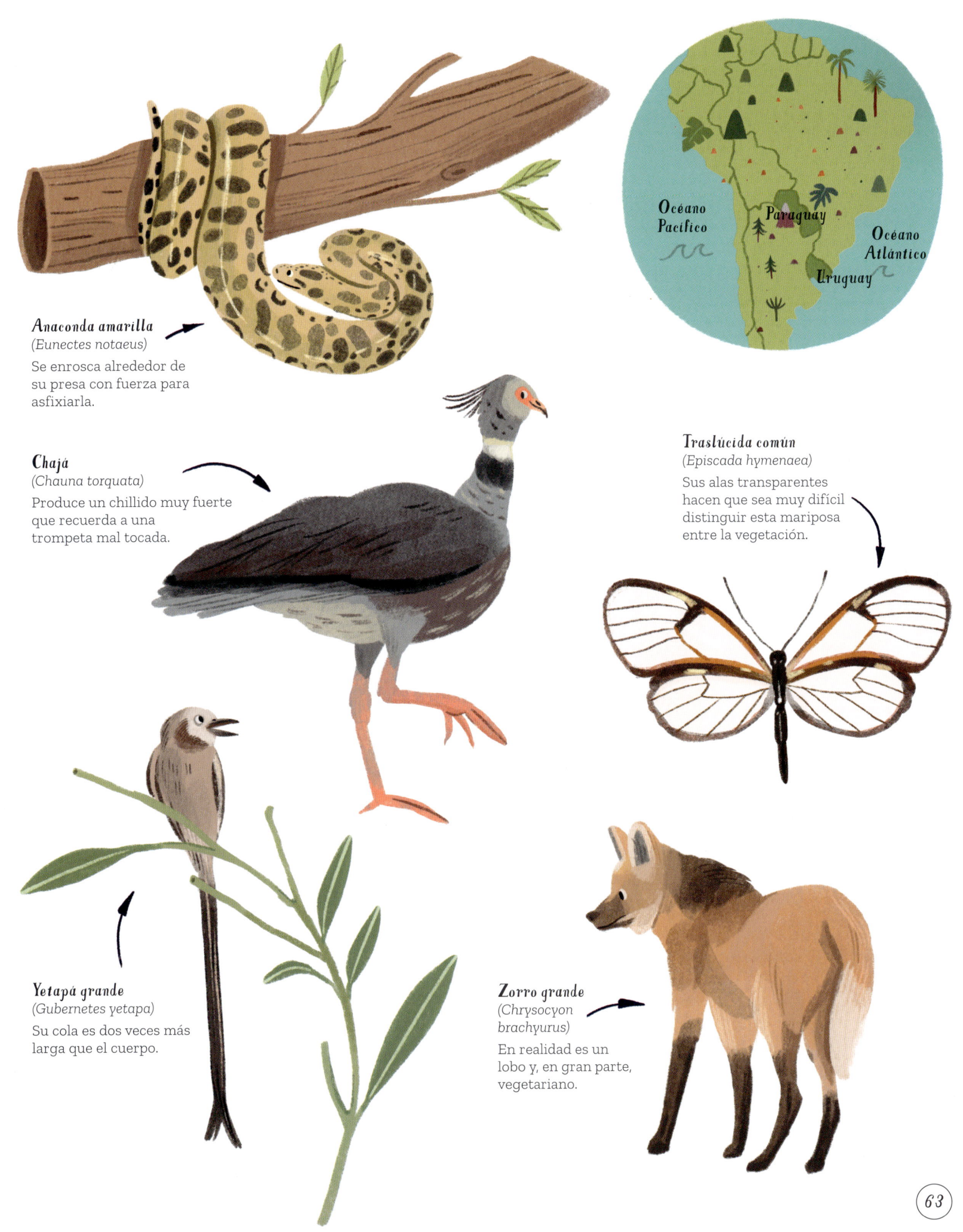

Anaconda amarilla
(Eunectes notaeus)
Se enrosca alrededor de su presa con fuerza para asfixiarla.

Océano Pacífico

Paraguay

Océano Atlántico

Uruguay

Chajá
(Chauna torquata)
Produce un chillido muy fuerte que recuerda a una trompeta mal tocada.

Traslúcida común
(Episcada hymenaea)
Sus alas transparentes hacen que sea muy difícil distinguir esta mariposa entre la vegetación.

Yetapá grande
(Gubernetes yetapa)
Su cola es dos veces más larga que el cuerpo.

Zorro grande
(Chrysocyon brachyurus)
En realidad es un lobo y, en gran parte, vegetariano.

Cotorra austral
(Enicognathus ferrugineus)
Vive más al sur y en condiciones más frías que cualquier otra especie de loro.

Rayadito
(Aphrastura spinicauda)
Tiene 12 plumas afiladas y rígidas en la cola que parecen largas espinas. Las utiliza para atraer a sus parejas.

Argentina
Chile
Océano Atlántico
Océano Pacífico
Tierra del Fuego

Delfín pío
(Cephalorhynchus commersonii)
La mayoría de los delfines son grandes viajeros y recorren largas distancias, pero este permanece en las aguas que rodean Tierra del Fuego.

Puma
(Puma concolor)
Este cazador solitario vive más al sur que cualquier otro felino salvaje.

Martín pescador de collar
(Megaceryle torquata)
Tiene las patas palmeadas y caza tanto en el mar como en agua dulce.

Zorro culpeo
(Lycalopex culpaeus)
Aunque parece un zorro, está emparentado con lobos y chacales.

Pato vapor austral
(Tachyeres pteneres)
Es muy agresivo y puede atacar a otros patos que entren en su territorio.

TIERRA DEL FUEGO

Tierra del Fuego es un grupo de islas situado en el extremo inferior de América del Sur. La mitad de las islas están en Chile y el resto, en Argentina. Su nombre lo utilizó por primera vez el explorador portugués Fernando de Magallanes, que divisó columnas de humo que se elevaban por toda la costa y confundió las hogueras de los indígenas con un incendio forestal generalizado.

Tierra del Fuego es una región fría y muy lluviosa. Posee una fascinante variedad de hábitats que incluye costas rocosas, bosques de hayas, montañas y glaciares. Los veranos son cortos y los inviernos ventosos, con temperaturas que no suelen bajar del punto de congelación. La lejanía de las islas y su escaso número de habitantes hacen que la vida silvestre se mantenga relativamente conservada. Animales tímidos y raros tienen aquí la oportunidad de prosperar en un paisaje salvaje, como el guanaco (*Lama guanicoe*), el cóndor andino (*Vultur gryphus*) y el zorro gris (*Lycalopex griseus*).

Carpintero negro
(*Campephilus magellanicus*)
Es común en los hayedos. Los árboles le proporcionan larvas para comer y protección frente a las tormentas invernales.

Lobo marino de dos pelos
(*Arctocephalus australis*)
Tiene un pelaje muy denso que atrapa el aire y le ayuda a mantener alejada el agua fría del Atlántico sur.

Huemul
(*Hippocamelus bisulcus*)
Su pelo largo y rizado lo protege de las fuertes lluvias.

OCÉANO ATLÁNTICO

El océano Atlántico cubre el 21 % de la Tierra y contiene muchas islas grandes. Es el más salado de los océanos y tiene las rutas marítimas más transitadas. Bajo sus olas se extiende un complejo ecosistema y un paisaje submarino que ha estado oculto a nuestros ojos hasta hace muy poco. Ahora tenemos submarinos y vehículos teledirigidos que nos permiten explorar las profundidades oceánicas y descubrir los animales que viven en ellas. La cordillera más larga del planeta, la dorsal mesoatlántica, se encuentra en el fondo de este océano. Peces, pulpos y ballenas nadan por valles y cimas de montañas debajo del mar. Probablemente hemos descubierto menos de la mitad de las especies que viven en las profundidades y cada año se descubren nuevas. Este es un momento muy emocionante para la exploración de los océanos.

Dragón azul
(Glaucus Atlanticus)
Esta babosa marina flota bocabajo.

Cangrejo herradura del Atlántico
(Limulus polyphemus)
Los parientes más cercanos de este cangrejo son las arañas y los escorpiones.

Pez loro azul
(Scarus coeruleus)
Este pez, residente en las cálidas aguas del Caribe, tiene un pico afilado, parecido al del loro, que le permite alimentarse raspando las algas de los corales.

Charrán ártico
(Sterna paradisaea)
Vuela más lejos que cualquier otra ave: más de 30 000 km. Cada año, deja su nido en el Atlántico norte y vuela al sur, hacia los mares que rodean la Antártida.

Elefante marino del sur *(Mirounga leonina)*
El macho tiene un apéndice de piel en la nariz, llamado «probóscide», que se infla cuando pelea y recuerda a la trompa de un elefante.

Cachalote
(Physeter macrocephalus)
Este mamífero necesita respirar, pero puede sumergirse y contener la respiración durante una hora. Se alimenta de calamares gigantes en las profundidades del Atlántico.

Tiburón ballena *(Rhincodon typus)*

Es el pez más grande que existe: puede alcanzar los 18 m de largo. Vive en mares cálidos y se alimenta de plancton.

Groenlandia
Europa
Asia
América del Norte
Océano Atlántico norte
África
América del Sur
Océano Pacífico
Océano Atlántico sur
Antártida

Cochinilla amarilla puntiaguda *(Pseudolaureola atlantica)*

Vive en la copa de los árboles, y solo se encuentra en la remota isla de Santa Elena.

Pez luna *(Mola mola)*

¡Al pez luna le gusta tomar el sol!: se tumba de costado sobre la superficie del agua y disfruta del calor.

Tiñosa menuda *(Anous minutus)*

Pasa la mayor parte de su vida en el mar. Es un ave tan mansa que, en tierra, es capaz de permitir a una persona sacar los huevos del nido para contarlos.

Lamprea marina *(Petromyzon Marinus)*

También conocida como «vampiro marino». Con su boca sin dientes, parecida a una ventosa, se adhiere al cuerpo de peces grandes para beberse su sangre.

Pulpo Dumbo *(Grimpoteuthis spp.)*

Las aletas planas que tiene en la cabeza recuerdan a las orejas del famoso elefante de dibujos animados.

ASIA

Casi todo en Asia bate récords. Es el continente más grande de todos y alberga a más de la mitad de los habitantes del planeta. Las 20 montañas más altas se encuentran aquí, al igual que la superficie terrestre más baja: el mar Muerto. El lugar habitado más frío del planeta es Oimiakón, en Rusia, donde se han registrado temperaturas invernales de hasta −67,7 °C.

En Asia existen ejemplos de todos los hábitats naturales conocidos, cada uno con especies únicas. Las selvas tropicales de Indonesia acogen animales muy diferentes de los que viven en los bosques amazónicos. En las praderas de la India, la fauna se ha adaptado a las inundaciones estacionales. La vida en este continente también ha estimulado algunas adaptaciones animales importantes: el elefante, que es un animal oriundo de las praderas africanas, se trasladó a Asia y disminuyó de tamaño para poder sobrevivir en los bosques.

Una quinta parte de Asia está formada por islas separadas del continente hace millones de años. Las islas de Asia oriental se encuentran en una zona muy activa de la corteza terrestre llamada «cinturón de fuego». Sus volcanes activos y los terremotos que se producen hacen que las islas sigan cambiando y moviéndose.

1 JAPÓN
Alpes japoneses
Árboles cargados de nieve, fuentes termales y montañas sagradas. ¡Los Alpes japoneses en invierno son, simplemente, salvajes!

2 CHINA, MONGOLIA y COREA
Montañas Minshan
Las montañas forman una barrera natural entre las bulliciosas provincias chinas y la meseta tibetana. Los sigilosos pandas gigantes merodean por los bosques de bambú junto a faisanes dorados y dragones.

3 RUSIA
Península de Kamchatka
Kamchatka es el hogar de tigres, linces y águilas, y del volcán Kronotsky, posiblemente el más bello del mundo.

Aguililla calzada
(Hieraaetus pennatus)

Águila imperial oriental
(Aquila heliaca)

Lince siberiano
▲ (Lynx lynx wrangeli)

Tigre siberiano
(Panthera tigris altaica)

Cangrejo rojo gigante
(Paralithodes camtschaticus)

Saiga
(Saiga tatarica)

Águila marina de Steller
(Haliaeetus pelagicus)

Grulla china
(Grus japonensis)

Víbora del bambú
(Trimeresurus stejnegeri)

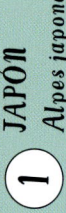

Calao rinoceronte
(*Buceros rhinoceros*)

Orangután
(*Pongo pygmaeus*)

Macaco japonés (*Macaca fuscata*)

Langur chato dorado
(*Rhinopithecus roxellana*)

Elefante asiático
(*Elephas maximus*)

9

Panda gigante
(*Ailuropoda melanoleuca*)

2

Oso perezoso
(*Melursus ursinus*)

Rinoceronte indio
(*Rhinoceros unicornis*)

7

Búho pescador castaño
(*Ketupa zeylonensis*)

Cobra real
(*Ophiophagus hannah*)

Gacela arábiga
(*Gazella arabica*)

Caracal
(*Caracal caracal*)

6

Avutarda árabe
(*Ardeotis arabs*)

9 ISLAS DEL SUDESTE ASIÁTICO
Selva tropical de las tierras bajas de Borneo

La vida silvestre tiene su espacio en cada capa de la selva tropical, pero la densidad de los árboles puede dificultar su visión. Si estás atento, igual ves un orangután.

8 SUDESTE ASIÁTICO CONTINENTAL y TAILANDIA
Elefante asiático

Los elefantes son muy inteligentes; tienen sistemas de comunicación complejos y estrechos vínculos familiares. Su trompa es muy versátil; con ella pueden tanto empujar árboles como recoger objetos.

5 TURQUÍA y el CÁUCASO
Migración de aves

En las cálidas tardes de principios de primavera, el cielo de las viejas calles de Estambul se llena de aves rapaces.

7 ASIA DEL SUR
Llanura indogangética

Rica y fértil, la llanura indogangética es un paisaje antiguo, hoy cultivado con arroz y trigo. Su nombre procede de los ríos Ganges e Indo. Aquí viven grandes herbívoros y depredadores.

4 ASIA CENTRAL
Saigas

En las praderas del centro de Asia vive el saiga, un extraño antílope capaz de comer plantas que son venenosas para otros animales. En 2015, este animal fue el centro de un gran misterio: en tres semanas murió más de la mitad de su población.

6 ORIENTE MEDIO
Desierto de Arabia

El vasto desierto de Arabia es un paraje de cielos estrellados, imponentes dunas y arenas movedizas. Caluroso y seco, y con una brisa constante, por él siguen viajando caravanas de camellos de oasis en oasis.

ALPES JAPONESES

Los Alpes japoneses son una cordillera con tres cadenas montañosas que dividen la isla más grande de Japón: Honshu. El pico más alto es el monte Fuji, un volcán de forma cónica. Los veranos son cálidos y soleados, pero el invierno es largo, con zonas que reciben más de 12 m de nieve al año. La mayoría de los animales son visitantes estivales que desaparecen antes del invierno. Las especies residentes sobreviven al frío subiendo y bajando de las montañas según cambian las estaciones: suben en verano y bajan en invierno para evitar el mal tiempo en las cumbres.

Los diversos hábitats incluyen praderas, frondosos valles, cursos de agua, bosques mixtos y matorrales. Los animales se desplazan de unos a otros en busca de refugio y alimento. Esta es una región de volcanes activos y terremotos ocasionales. Una de sus famosas fuentes termales está en el Parque de los monos de Jigokudani, o Valle del Infierno, el hogar de algunos primates verdaderamente extraordinarios.

Mar de Japón

Océano Pacífico

Japón

Mar de Filipinas

Macaco japonés
(*Macaca fuscata*)
Pasa los gélidos inviernos calentándose en piscinas climatizadas: manantiales naturales de agua caliente que brota de las profundidades de la tierra.

Grulla de Manchuria (*Grus japonensis*)
Símbolo de buena suerte y vida larga, también se la llama «grulla de coronilla roja» por su corona carmesí.

Avispón asiático *(Vespa mandarinia)*
Tiene una envergadura alar de 7,5 cm.

Salamandra gigante japonesa *(Andrias japonicus)*
Este anfibio vive en arroyos frescos y limpios. Es una especie que cada vez se estudia más para encontrar la mejor forma de protegerla.

Serau japonés
(Capricornis crispus)
El Gobierno japonés lo declaró Monumento Nacional Especial para protegerlo de la caza furtiva y ahora está a salvo de la extinción.

Perro mapache *(Nyctereutes procyonoides)*
A pesar del nombre y la cara de mapache, su pariente más cercano es el zorro.

Marta japonesa *(Martes melampus)*
Su pelaje varía desde el marrón oscuro hasta el amarillo pálido.

MONTAÑAS MINSHAN

Las montañas Minshan son una de las zonas silvestres menos habitadas de China.

Enclavadas entre tierras bajas de cultivo y las altas y desnudas montañas del Himalaya, en ellas se pueden encontrar animales de ambas zonas. La mayoría de los pandas salvajes del mundo viven aquí, y los proyectos de conservación para protegerlos están ayudando también a otras especies locales. De lejos, las laderas parecen cubiertas de densos bosques de coníferas, pero una mirada de cerca muestra que en algunos lugares el sotobosque lo forman enormes extensiones de bambú. Esto crea dos hábitats muy diferentes en un mismo lugar y aumenta considerablemente el número de especies que viven aquí.

Los bosques de Minshan son muy escarpados y a menudo están cubiertos de niebla. Las montañas contienen 18 reservas naturales y algunas especies de animales que todavía no se han estudiado a fondo.

Panda gigante (*Ailuropoda melanoleuca*)
En la actualidad, en los bosques de China viven menos de 2000 ejemplares.

Langur chato dorado
(*Rhinopithecus roxellana*)
Tiene el pelo dorado y la cara azulada.

Dragón de montaña esmeralda
(*Diploderma iadinum*)
Lagartos como estos hibernan durante los fríos inviernos de Minshan.

Víbora del bambú
(*Trimeresurus stejnegeri*)
Esta serpiente tiene un órgano especial que detecta el calor corporal de pequeños mamíferos, lo que le permite cazar en la oscuridad.

Ruiseñor de David
(Calliope pectardens)
Se dice que esta ave tiene el
canto más hermoso de las
montañas Minshan.

China

Montañas Minshan

Mar de China
Meridional

Faisán dorado *(Chrysolophus pictus)*
En el pasado, vivían exclusivamente en
los bosques de China, pero se han vuelto
muy populares en las colecciones de
animales de todo el mundo.

Bambusicola china *(Bambusicola thoracicus)*
Es más frecuente oírla que verla, ya que se
alimenta en el suelo, entre los matorrales.

Pantera nebulosa
(Neofelis nebulosa)
Este misterioso felino
solitario y nocturno pasa
la mayor parte de su vida
en la copa de los árboles.

Mariposa de Bután
(Bhutanitis thaidina)
El alimento de las larvas de esta
rara y poco estudiada especie
de mariposa es una trepadora,
llamada «pipa del holandés»
(Aristolochia moupinensis).

PENÍNSULA DE KAMCHATKA

Kamchatka es una península, es decir, una extensión de tierra unida al continente pero rodeada de mar por tres lados, en la parte más oriental de Rusia. Es salvaje y montañosa, llena de bosques rodeados de tundra. Contiene 29 volcanes activos; uno de ellos, el Maly Semyachik, con un lago de ácido azul brillante que emerge del interior del volcán.

Águila marina de Steller
(Haliaeetus pelagicus)
Kamchatka es la principal zona de cría de esta águila.

Tigre siberiano
(Panthera tigris altaica)
Está en peligro crítico de extinción: solo quedan unos 400 en estado salvaje.

Frailecillo coletudo
(Fratercula cirrhata)
Anida en colonias de hasta 30 000 aves.

Lince siberiano
(Lynx lynx wrangeli)
Las patas peludas y palmeadas de este lince evitan que se hunda en la nieve.

Pato arlequín
(Histrionicus histrionicus)
Pasa la primavera y el verano en ríos de agua dulce, y el invierno en el mar.

Polilla plateada y sable
(Rheumaptera hastata)
Vuela durante el día y duerme por la noche.

Marmota de cabeza negra
(Marmota camtschatica)
Hiberna hasta ocho meses al año.

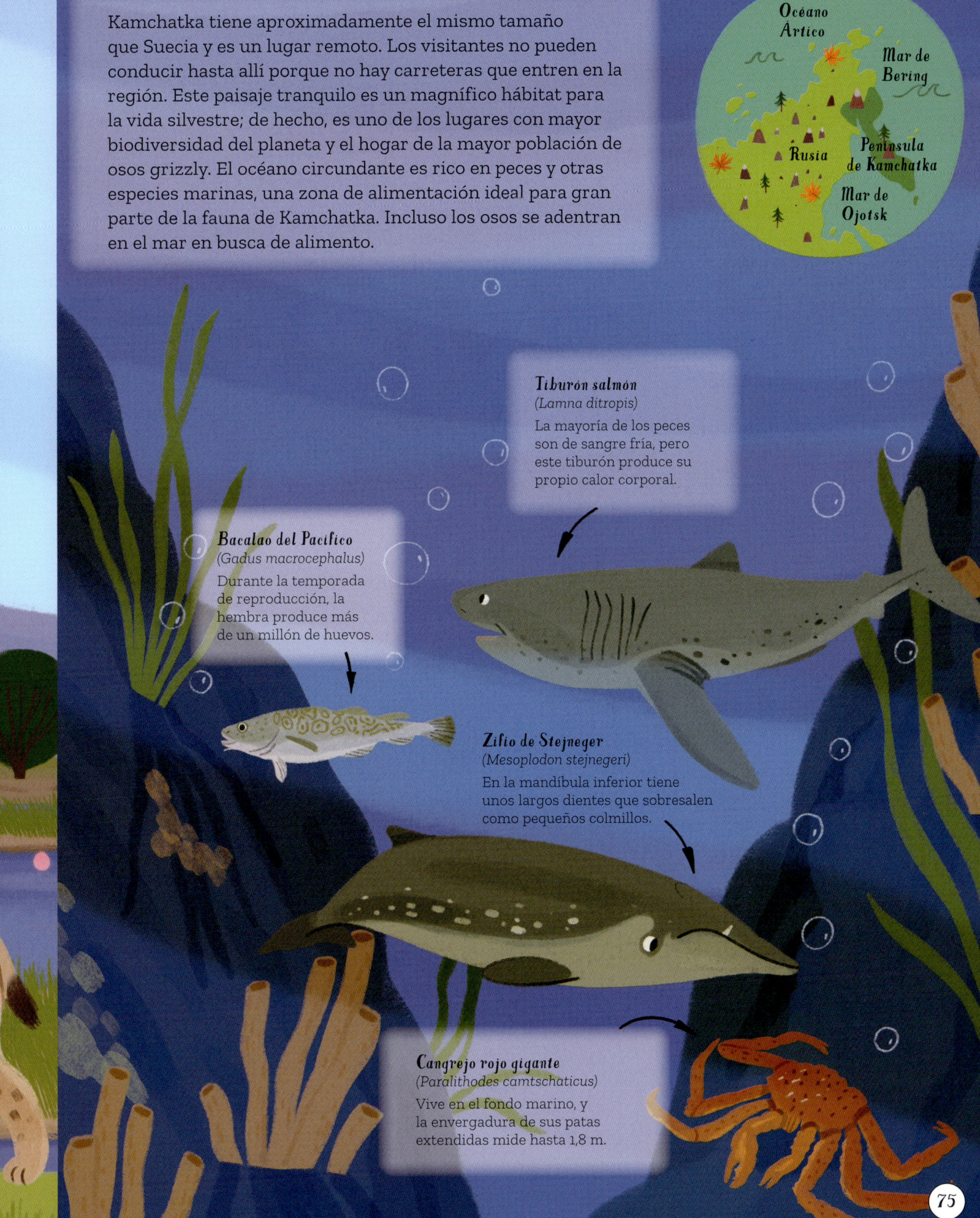

Kamchatka tiene aproximadamente el mismo tamaño que Suecia y es un lugar remoto. Los visitantes no pueden conducir hasta allí porque no hay carreteras que entren en la región. Este paisaje tranquilo es un magnífico hábitat para la vida silvestre; de hecho, es uno de los lugares con mayor biodiversidad del planeta y el hogar de la mayor población de osos grizzly. El océano circundante es rico en peces y otras especies marinas, una zona de alimentación ideal para gran parte de la fauna de Kamchatka. Incluso los osos se adentran en el mar en busca de alimento.

Océano Ártico

Mar de Bering

Rusia

Península de Kamchatka

Mar de Ojotsk

Tiburón salmón
(Lamna ditropis)
La mayoría de los peces son de sangre fría, pero este tiburón produce su propio calor corporal.

Bacalao del Pacífico
(Gadus macrocephalus)
Durante la temporada de reproducción, la hembra produce más de un millón de huevos.

Zifio de Stejneger
(Mesoplodon stejnegeri)
En la mandíbula inferior tiene unos largos dientes que sobresalen como pequeños colmillos.

Cangrejo rojo gigante
(Paralithodes camtschaticus)
Vive en el fondo marino, y la envergadura de sus patas extendidas mide hasta 1,8 m.

Océano
Ártico

Rusia

Escandinavia

Asia central

Océano Índico

SAIGAS

Estos antílopes son famosos por sus largas migraciones. Viven en grandes manadas que se alimentan de enormes cantidades de hierba, por lo que necesitan desplazarse continuamente para encontrar nuevas zonas de alimentación. Recorren unos 1000 km al año, pasando por cinco países, cruzando carreteras y atravesando anchos ríos. Evitan los bosques y se mantienen al aire libre, donde pueden ver fácilmente a los depredadores. Los machos tienen cuernos, pero no les sirven de disuasión contra los lobos; su principal protección es la velocidad.

Rivales

Los machos usan los cuernos para luchar contra sus rivales al comienzo de la temporada de reproducción.

Nariz inteligente

Tienen la nariz larga y ancha, que les ayuda a filtrar el polvo que levanta el paso de la manada; en invierno, calienta el aire frío antes de que entre en sus pulmones.

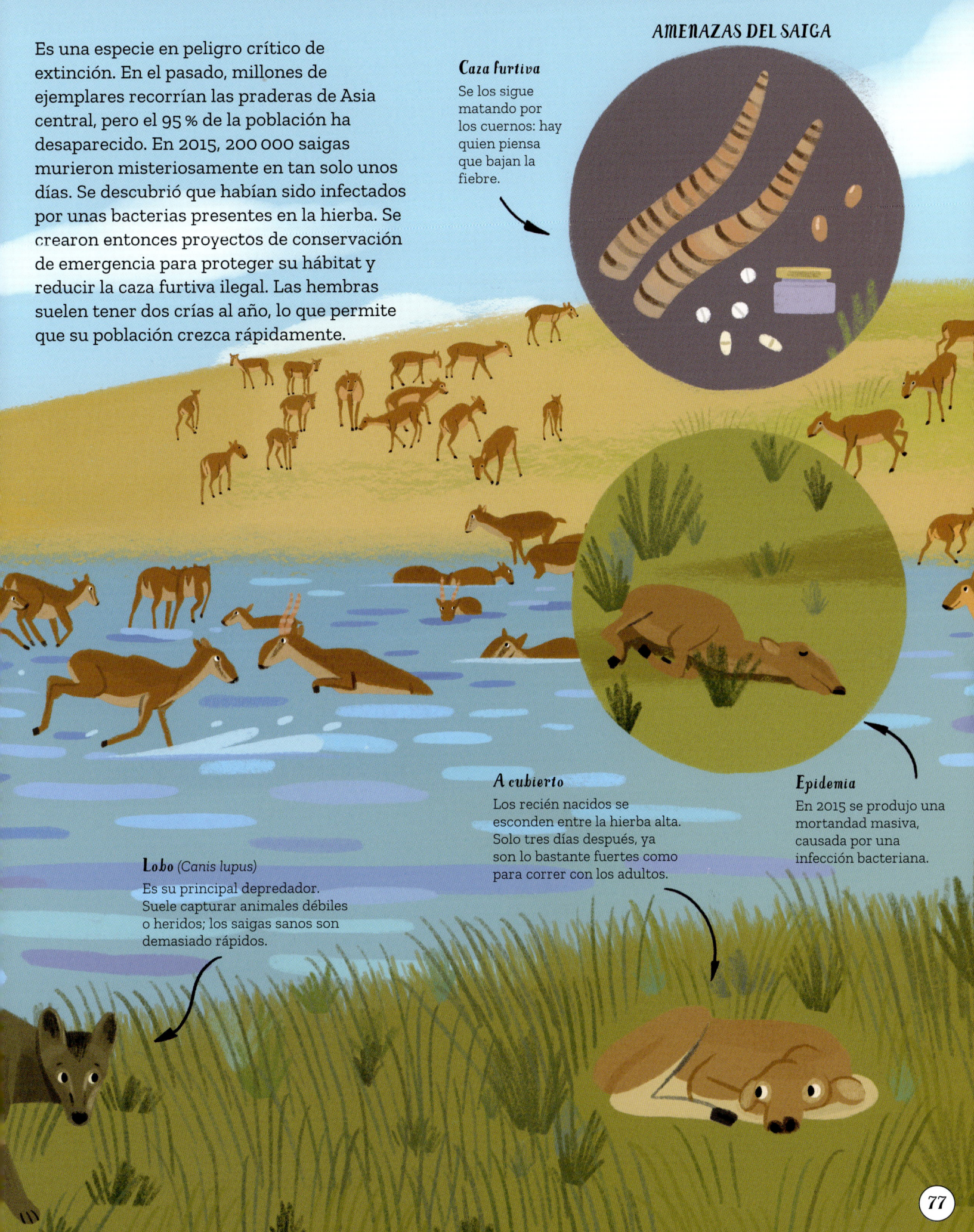

Es una especie en peligro crítico de extinción. En el pasado, millones de ejemplares recorrían las praderas de Asia central, pero el 95 % de la población ha desaparecido. En 2015, 200 000 saigas murieron misteriosamente en tan solo unos días. Se descubrió que habían sido infectados por unas bacterias presentes en la hierba. Se crearon entonces proyectos de conservación de emergencia para proteger su hábitat y reducir la caza furtiva ilegal. Las hembras suelen tener dos crías al año, lo que permite que su población crezca rápidamente.

AMENAZAS DEL SAIGA

Caza furtiva
Se los sigue matando por los cuernos: hay quien piensa que bajan la fiebre.

A cubierto
Los recién nacidos se esconden entre la hierba alta. Solo tres días después, ya son lo bastante fuertes como para correr con los adultos.

Epidemia
En 2015 se produjo una mortandad masiva, causada por una infección bacteriana.

Lobo (Canis lupus)
Es su principal depredador. Suele capturar animales débiles o heridos; los saigas sanos son demasiado rápidos.

MIGRACIÓN DE AVES

Las aves europeas suelen evitar el hostil clima invernal volando hacia el sur, a África. Luego, regresan al norte para reproducirse en primavera. La ruta migratoria más importante de África a Europa pasa por Turquía. Cada primavera y verano, millones de aves sobrevuelan este trayecto y evitan cruzar el mar. Pero ¿por qué prefieren volar sobre tierra? El sol calienta la tierra mucho más rápido de lo que calienta el mar. La tierra caliente calienta entonces el aire, y el aire caliente siempre asciende. Cuando los pájaros pequeños vuelan, utilizan la fuerza de sus alas para mantenerse en el aire. En cambio, las aves más grandes, con mayor envergadura, aprovechan la fuerza de las corrientes de aire cálido para volar.

Grulla común
(Grus grus)

Vuela largas distancias. Se reproduce en el Ártico y pasa los inviernos en África.

Aquilucho papialbo
(Circus macrourus)

Durante la migración, vuela muy alto, donde los vientos más fuertes le ayudan a viajar más rápido.

Quebrantahuesos
(Gypaetus barbatus)

Esta enorme ave vuela a gran altura y lanza los huesos que se va a comer para romperlos y acceder a la médula del interior.

Buitre negro
(Aegypius monachus)

Aunque suele verse entre las aves migratorias, en realidad es residente de la región.

Águila culebrera
(Circaetus gallicus)
Es un águila bastante grande. Atrapa serpientes con sus largas garras.

Cigüeña negra (Ciconia nigra)
El seguimiento por satélite ha descubierto que la cigüeña negra vuela 7000 km en unos 80 días durante la migración.

Águila imperial
(Aquila heliaca)
Aprovecha las corrientes de aire caliente y el viento para volar. Alcanza 80 km/h.

Milano negro
(Milvus migrans)
No es negro sino marrón, con la punta de las alas negra.

Aguililla calzada
(Hieraaetus pennatus)
Tiene plumas hasta en las garras.

Pelícano común
(Pelecanus onocrotalus)
Se reproduce en las tierras pantanosas del delta del Danubio (Rumania), y en invierno viaja al sur de África.

DESIERTO DE ARABIA

Es el desierto más grande de Asia, con una biodiversidad muy baja y pocas precipitaciones. El paisaje arenoso incluye dunas rojas, rocas y peligrosas zonas de arenas movedizas. Pocos animales pueden sobrevivir donde las temperaturas alcanzan los 50 °C y las plantas tienen dificultades para crecer. La vegetación es esencial para la mayoría de los animales, incluso para los carnívoros, que cazan a los animales que pastan en el follaje.

Abubilla *(Upupa epops)*
Despliega su llamativa cresta si se pone nerviosa o si otra abubilla invade su territorio.

Gacela arábiga *(Gazella arabica)*
Vive en zonas rocosas y tranquilas, a salvo de los cazadores furtivos.

Caracal *(Caracal caracal)*
Este lince es el único felino capaz de atrapar pájaros en pleno vuelo.

Araña camello
(Galeodes arabs)
Es una araña muy agresiva. Si se encuentra con un humano, ¡seguramente muerda en lugar de huir!

Jerbo del desierto
(Jaculus orientalis)
Los jerbos no caminan como ratones, sino que saltan como canguros.

En el desierto hay lugares con agua que normalmente no procede de la lluvia: manantiales subterráneos forman estanques y crean oasis donde prosperan plantas y animales. Una parte de este desierto se conoce como «cuadrante vacío», o Rab al Khali, porque casi no contiene vida. Los fuertes vientos forman dunas de arena de 250 m de altura que cambian constantemente de forma y posición, lo que dificulta el arraigo de la vegetación. Muchos insectos sobreviven al clima árido, y las nubes de langostas fueron comunes en el pasado.

Mar Rojo

Arabia Saudí

Emiratos Árabes Unidos

Omán

Yemen

Mar de Arabia

Dromedario *(Camelus dromedarius)*
Esta especie de camello está domesticada y ya no se encuentra en estado salvaje. Se domesticó por primera vez en la península arábiga.

Serpiente comedora de huevos común *(Dasypeltis scabra)*
Para protegerse, esta inofensiva serpiente ha evolucionado y se parece a la venenosa víbora gariba *(Echis carinatus)*.

Avutarda árabe *(Ardeotis arabs)*
Es posible que queden tan solo unas 50 avutardas en el desierto de Arabia.

Lagarto egipcio de cola espinosa *(Uromastyx aegyptia)*
Utiliza la cola musculosa y con escamas espinosas para atacar a los depredadores.

LLANURA INDOGANGÉTICA

Estas grandes llanuras abarcan el norte de la India, Pakistán, Bangladés y parte de Nepal. Toda la zona es una llanura aluvial, un paisaje dominado por el río Ganges. Cada primavera, el deshielo del Himalaya arrastra enormes cantidades de agua río abajo. Esto aporta un rico limo, perfecto para el cultivo de plantas que sirven de sustento a los agricultores y a la fauna.

La llanura indogangética es la zona más cultivada del planeta y el hogar de cientos de millones de personas. Debido a esto, cada vez se pierden más hábitats naturales. Las aves y los pequeños mamíferos a veces pueden adaptarse y aprenden a convivir con las personas, pero la mayoría de los grandes mamíferos están cada vez más amenazados. Algunos, como los rinocerontes, incluso están cambiando sus hábitos y salen de noche en lugar de hacerlo de día. Las especies más raras ya solo viven bajo la protección de parques nacionales.

Oso perezoso (*Melursus ursinus*)
Las hormigas son la parte más importante de la dieta de este oso, que las aspira con un fuerte sorbo.

Rinoceronte indio (*Rhinoceros unicornis*)
Se cree que en este rinoceronte de un solo cuerno se encuentra el posible origen del mítico unicornio.

Carraca india (*Coracias benghalensis*)
Debe su nombre a que, durante la temporada de anidación, realiza demostraciones de giros, zambullidas, vuelos y acrobacias.

Antílope negro (*Antílope cervicapra*)
Los cuernos le crecen durante toda la vida y nunca se caen (al contrario que las astas de los ciervos).

Cobra real
(Ophiophagus hannah)
Una cobra siseante que se
alza y muestra los colmillos
seguramente está asustada
y les dice a otros animales
que se mantengan alejados.

Pakistán
Nepal
Bangladés
India
Golfo de
Bengala

**Búho pescador
de Ceilán**
(Ketupa zeylonensis)
Tiene las plumas
impermeables, lo que
le impide mojarse
cuando pesca.

Gavial
(Gavialis gangeticus)
Se alimenta de peces,
que engulle enteros
sin masticar.

Pavo real común *(Pavo cristatus)*
El macho tiene unas plumas
especiales que despliega como
un majestuoso abanico.

Perro rojo
(Cuon alpinus)
Está en peligro de extinción.
Vive en grandes manadas y
caza de día.

ELEFANTE ASIÁTICO

Es el animal nacional de Tailandia, donde viven unos 4000 ejemplares. Aproximadamente la mitad de ellos están domesticados y los demás viven salvajes en reservas. Es el animal terrestre más grande de Asia, con un peso de hasta 5 toneladas, muy inferior al del elefante africano. Con un cuerpo tan grande necesita mucho alimento, por lo que pasa unas 16 horas al día comiendo hierba, hojas y corteza de árboles. Suele encontrarse cerca del agua; su comida es muy seca y necesita beber a menudo.

La mayoría de las hembras no tienen colmillos y solo les salen a algunos machos. Los colmillos les sirven para desenterrar raíces o arrancar la corteza de los árboles, y usan solo el derecho o el izquierdo, como las personas que son diestras o zurdas. El colmillo que más utilizan es siempre el más corto puesto que se va desgastando con el uso. En estado salvaje pueden llegar a vivir hasta 60 años y son uno de los mamíferos más longevos.

Orejas flexibles
El elefante asiático tiene las orejas mucho más pequeñas que su primo africano. Las agita para abanicarse cuando hace calor.

¡Al agua!
Le encanta jugar en el agua. Da vueltas, coge agua con la trompa y se la echa por todo el cuerpo.

Trompa muscular
La trompa del elefante tiene 50 000 músculos. El cuerpo humano, por ejemplo, tiene 600.

Peludos
Los jóvenes tienen mucho pelo, que desaparece a medida que envejecen.

Nadador de larga distancia
Es muy buen nadador. Utiliza la trompa como un tubo de buceo y, así, puede recorrer distancias muy largas bajo el agua.

USOS HUMANOS

Tailandia

Golosinas

Un elefante hambriento puede ponerse en pie sobre las patas traseras para alcanzar comida.

Símbolo nacional

Señal de buena suerte, el elefante aparecía en la antigua bandera de Tailandia.

Espectáculos

Se pinta y se cubre a los elefantes con elegantes telas para ceremonias especiales, como las bodas.

Animales de carga

Se usan para transportar cargas pesadas desde hace unos 4000 años.

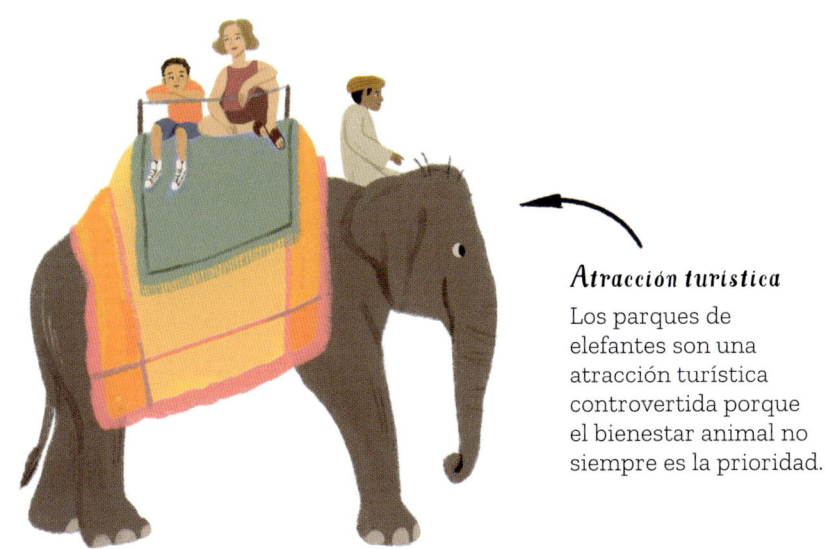

Atracción turística

Los parques de elefantes son una atracción turística controvertida porque el bienestar animal no siempre es la prioridad.

Cálao rinoceronte
(Buceros rhinoceros)

En la selva tropical encuentra
fruta para comer durante
todo el año.

Mono narigudo
(Nasalis larvatus)

Tiene una gran barriga, debido
a que come hojas difíciles de
digerir que permanecen en
su estómago durante mucho
tiempo.

Orangután *(Pongo pygmaeus)*

En peligro crítico de extinción,
solo se encuentra en dos lugares:
Sumatra y Borneo.

Insecto palo espinoso gigante
(Trachyaretaon brueckneri)

La hembra mide el doble que
el macho. Parecen peligrosos,
pero se alimentan de hojas.

SELVA DE BORNEO

Los bosques tropicales están llenos de vida. El calor constante supone un suministro continuo de alimentos y nunca hace demasiado frío para la supervivencia básica. Pero también es un hábitat peligroso: los animales de las llanuras pueden detectar fácilmente a sus depredadores; sin embargo, en la selva, los animales no saben lo que ocurre en los árboles que tienen por encima y por debajo de ellos. En este caluroso y enmarañado paraje, las lianas se enroscan alrededor de los árboles de hoja ancha y por debajo caminan jabalíes, bueyes, rinocerontes y elefantes. Monos y gibones, la mayoría en peligro de extinción, se mueven entre las ramas. Los insectos revolotean y las serpientes y los lagartos cazan. Lo más espectacular son los orangutanes, los mayores animales arborícolas. Quedan unos 55 000 ejemplares en libertad. Tienen los brazos largos, y tanto las manos como los pies son excelentes para agarrarse a las ramas. Las crías permanecen con su madre durante siete años.

Mar de China Meridional

Mar de Célebes

Borneo

Mar de Java

Krait cabeza roja
(Bungarus flaviceps)
Muy venenosa, atrapa a sus presas con un mordisco.

Rana voladora de Wallace
(Rhacophorus nigropalmatus)
Tiene unos dedos largos conectados por piel que la ayudan a deslizarse entre los árboles.

Milpiés gigante
(Archispirostreptus gigas)
Aunque se llama «milpiés», solo tiene unas 400 patas.

Manturón *(Arctictis binturong)*
Con su cola prensil puede sujetarse a las ramas como si fuera una quinta extremidad.

Ninfa de árbol
(Idea stolli)
Los inconfundibles tonos y patrones de las alas de las mariposas advierten a los depredadores de que no tienen buen sabor.

EUROPA

Europa tiene su propia calefacción central; así se conoce a la corriente del Golfo, un flujo de agua marina que mantiene a Europa más caliente y húmeda que otros lugares con la misma latitud. Aunque parte del territorio se encuentra en el Ártico, la mayoría no experimenta temperaturas extremadamente altas o bajas, y las precipitaciones son suficientes para mantener bosques templados y praderas. Contiene además valiosos hábitats de montaña en los Alpes y los Pirineos, así como humedales de importancia mundial, como el delta del Danubio, que atraen a cientos de especies que dependen del agua y el limo.

1 **GRAN BRETAÑA e IRLANDA**
Robledal atlántico
Las brumosas laderas de Borrowdale están tapizadas de robledales, parte de un antiguo bosque. Este es un lugar ideal para vislumbrar tejones o ardillas.

2 **ESCANDINAVIA**
Los inviernos nevados de Escandinavia son el telón de fondo de un elenco de fauna ártica icónica; los renos y sus pastores conviven con alces, búhos y cisnes salvajes.

3 **FRANCIA, BÉLGICA y PAÍSES BAJOS**
Cigüeña blanca
El folclore rodea a las cigüeñas. Traen suerte al norte y se dice que, ¡bebés!

4 **ESPAÑA y PORTUGAL**
Alcornocal
Los robles producen la corteza con la que se fabrica el corcho. Estos bosques proporcionan un terreno de caza ideal para depredadores, como el lince ibérico.

Mosquito
(*Aedes nigripes*)

Trucha alpina
(*Salvelinus alpinus*)

Carabo lapón
(*Strix nebulosa*)

Oso pardo
(*Ursus arctos*)

Rebeco
(*Rupicapra rupicapra*)

Alce
(*Alces alces*)

Glotón
(*Gulo gulo*)

Quebrantahuesos
(*Gypaetus barbatus*)

Ardilla roja
(*Sciurus vulgaris*)

Tejón
(*Meles meles*)

Pico picapinos
(*Dendrocopos major*)

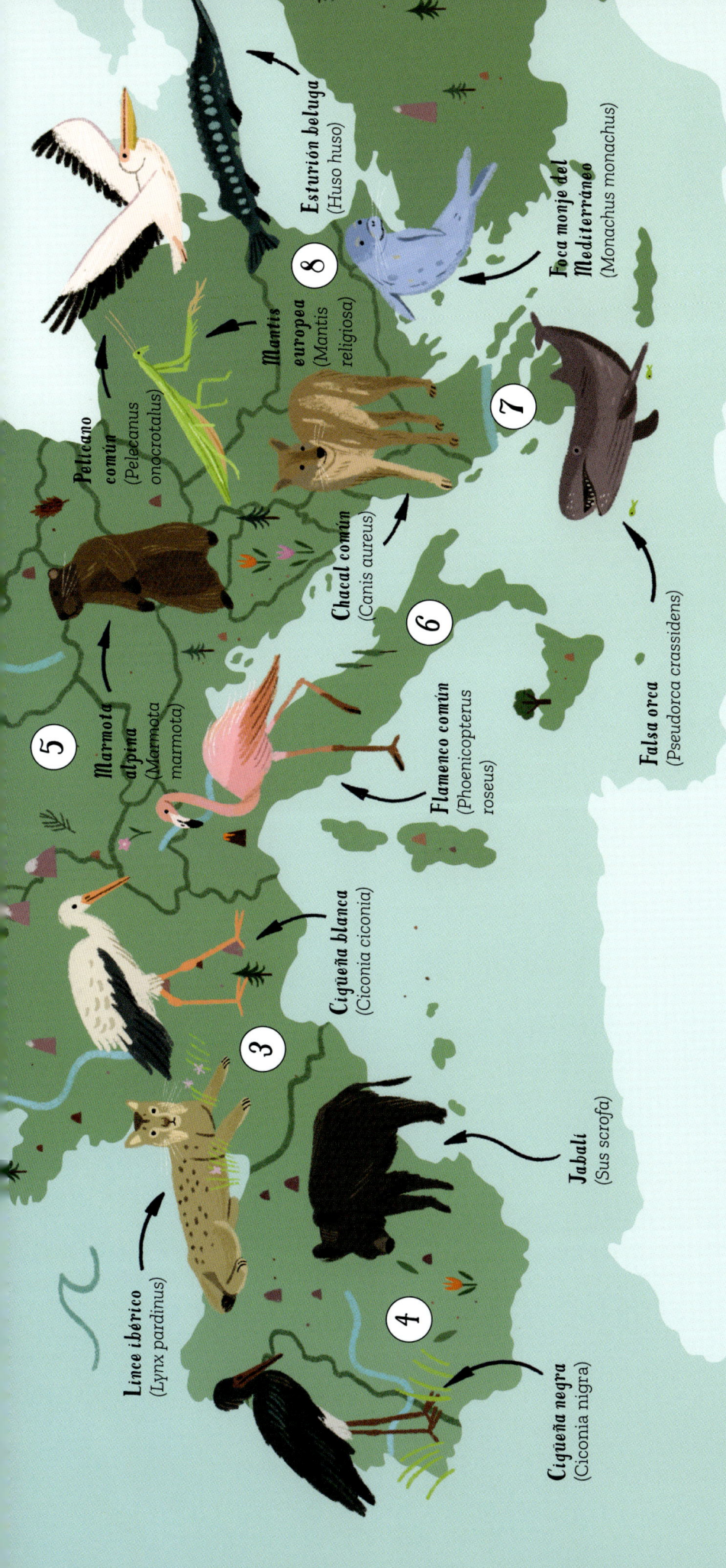

Pelícano común
(Pelecanus onocrotalus)

Esturión beluga
(Huso huso)

Mantis europea
(Mantis religiosa)

Foca monje del Mediterráneo
(Monachus monachus)

Marmota alpina
(Marmota marmota)

Chacal común
(Canis aureus)

Cigüeña blanca
(Ciconia ciconia)

Flamenco común
(Phoenicopterus roseus)

Falsa orca
(Pseudorca crassidens)

Lince ibérico
(Lynx pardinus)

Jabalí
(Sus scrofa)

Cigüeña negra
(Ciconia nigra)

El agua del Mediterráneo nunca está fría, ni siquiera en invierno, y constituye un importante hábitat para muchas especies marinas y costeras.

Gran parte de la superficie europea se cultiva con fines comerciales, pero la agricultura puede ser útil para los animales si se opta por gestionarla teniendo en cuenta la vida silvestre. Los bosques de coníferas escandinavos y los alcornocales portugueses se cultivan para uso humano, pero son hábitats magníficos para muchas otras especies.

Los grandes depredadores, como los osos y los lobos, casi han desaparecido de Europa occidental, pero prosperan en el este. Ambas especies aún pueden encontrarse en zonas silvestres de Rumanía y Bulgaria.

6 ITALIA
Flamenco común

Los flamencos, en realidad, ¡no son rosas sino blancos! La dura piel de sus patas les permite desenvolverse en agua salada.

8 LOS BALCANES Y EL DELTA DEL DANUBIO
Oso pardo/Delta del Danubio

Desde finales del verano, los osos comen sin cesar y acumulan reservas para el invierno, momento en el que las aves migratorias abandonan el delta del Danubio buscando lugares más cálidos.

5 ALEMANIA, AUSTRIA y SUIZA
Los Alpes

En los Alpes hay nieve, lluvia, hielo, glaciares y avalanchas, pero los veranos son cálidos. Es el hogar de marmotas y ágiles rebecos.

7 GRECIA

Las montañas e islas de Grecia atraen a una fauna sorprendente, como delfines que parecen ballenas, escarabajos que «sangran» por la boca y aves que almacenan su cena en espinas.

Hormiga roja de la madera
(Formica rufa)
Los nidos pueden alcanzar
1 m de alto y 2 m de ancho.
Por lo general, los construye
en claros, lugares abiertos
donde el sol los calienta.

**Cuco
común**
*(Cuculus
canorus)* alimentado por
acentor común
(Prunella modularis)

La hembra del cuco pone
los huevos en los nidos
de otras aves. Así, sus
polluelos son alimentados
por ellas hasta que pueden
alimentarse por sí mismos.

Procesionaria del roble
(Thaumetopoea processionea)
Esta oruga marcha en largas filas por
los robles mientras se alimenta de hojas.
Puede causar daños a los árboles.

Pico picapinos
(Dendrocopos major)
En primavera, los pájaros
carpinteros marcan su
territorio golpeando en el
tronco hueco de los árboles
con el pico.

Sapo común *(Bufo bufo)*
Necesita agua para reproducirse. El resto del
tiempo, el suelo húmedo del bosque es su
terreno ideal para cazar insectos.

Mariposa nazarena
(Neozephyrus quercus)
Vive en la copa de los árboles
y rara vez desciende al suelo.

Ratón de campo
(Apodemus sylvaticus)
Construye sofisticados túneles
subterráneos entre las raíces
de los robles.

ROBLEDAL ATLÁNTICO

Los robledales atlánticos se encuentran en el extremo occidental, templado y húmedo, de Gran Bretaña e Irlanda. Son bosques llenos de musgo, troncos nudosos, líquenes y hojas doradas. Contienen dos especies clave, el roble albar (*Quercus petraea*) y el roble común (*Quercus robur*). Estas, junto con abedules, serbales y cerezos, sustentan una enorme diversidad de vida silvestre. Más de 2300 especies de insectos dependen de estos lugares para obtener alimento y refugio.

En Borrowdale viven ciervos y corzos, búhos y pájaros carpinteros. Cada animal suele preferir un estrato del bosque: los pájaros pequeños viven en lo alto del dosel, alimentándose de orugas, mientras que más de la mitad de las especies de mariposas permanecen cerca del suelo, libando el néctar de las flores. Los robledales son restos de un antiguo bosque que recorría toda la costa occidental. Reciben 3500 mm de lluvia al año y son bosques templados.

Irlanda del Norte
Escocia
Borrowdale, Distrito de los Lagos
Irlanda
Gales
Inglaterra
Canal de la Mancha

Ardilla roja (*Sciurus vulgaris*)
Al final del verano, esconde bellotas en el bosque y vuelve a ellas más tarde, en invierno, cuando es difícil encontrar alimento.

Tejón (*Meles meles*)
Vive en grupos familiares llamados «clanes». Durante el día, duerme en tejoneras, madrigueras subterráneas, y sale por la noche en busca de gusanos, babosas e incluso fruta.

Gamo común (*Dama dama*)
El macho tiene astas. La especie se introdujo en Inglaterra hace unos mil años.

ESCANDINAVIA

Escandinavia es el nombre que recibe un grupo de países del norte de Europa que incluye Noruega, Suecia y, normalmente, Dinamarca. Estos países poseen algunos de los hábitats más intactos de Europa y albergan gran parte de la fauna silvestre más espectacular: osos, lobos y linces. Suecia y Noruega comparten también una larga cadena montañosa: los Alpes escandinavos.

Los hábitats escandinavos son muy variados. En el sur hay llanuras, y más al norte hay lagos, ríos, fiordos, montañas y bosques de abedules, pinos y abetos. Los inviernos son largos, pero el cielo nocturno parece cobrar vida con las luces danzantes de las auroras boreales. En el interior, las temperaturas pueden descender hasta los −50 °C.

Muchos de los animales que viven aquí antes vivían en toda Europa. La caza excesiva y otras actividades humanas los expulsaron de sus áreas de distribución tradicional, pero sobreviven a salvo en los tranquilos parajes vírgenes de Escandinavia.

Cisne cantor *(Cygnus cygnus)*
Visitante primaveral del norte de Escandinavia, donde cría a sus polluelos antes de dirigirse al sur para pasar el invierno. Vive con la misma pareja toda la vida.

Glotón *(Gulo gulo)*
Depredador famoso por su fuerza y agresividad.

Cárabo lapón *(Strix nebulosa)*
Esta rapaz es muy sigilosa volando.

Rana campestre *(Rana arvalis)*
El macho es marrón, pero se vuelve azul brillante durante la época de reproducción.

Mosquito
(Aedes nigripes)
Durante el corto verano ártico se produce una explosión de mosquitos.

Alce *(Alces alces)*
Es el cérvido más grande de todos. Solo el macho tiene cuernos.

Urogallo común *(Tetrao urogallus)*
Pesa hasta 7 kg y vive en los bosques de coníferas de Escandinavia. Puede volverse manso cuando vive cerca de los humanos.

Trucha alpina
(Salvelinus alpinus)
Es el pez de agua dulce que vive más al norte.

Lamprea *(Petromyzon spp.)*
Se parece a la anguila, pero es un pez que se alimenta de la sangre de otros peces; se agarra a un huésped y le chupa la sangre, de ahí su otro nombre: pez vampiro.

Reno *(Rangifer tarandus)*
Los pueblos sami del extremo norte crían renos semidomesticados. Tradicionalmente, los pastoreaban a pie o con esquís.

93

Envergadura alar

Tiene las alas largas y anchas, y el vuelo es lento y constante. Son comunes las cigüeñas de 2 m de envergadura.

Crecimiento

Las cigüeñas jóvenes tardan mucho tiempo en desarrollarse por completo. Los adultos alimentan a los cigoñinos durante unas nueve semanas.

Cortejo

El macho y la hembra se exhiben echando la cabeza hacia atrás y chasqueando el pico; es decir, abren y cierran el pico muy deprisa. Este repiqueteo suena como un disparo lejano.

Poco exigente

Se alimenta de cualquier animal pequeño. En el agua, caza peces y ranas.

CIGÜEÑA BLANCA

El llamativo plumaje blanco y negro y la enorme envergadura de la cigüeña blanca (*Ciconia ciconia*) hacen que sea imposible no verla cuando migra hacia el norte. En primavera construye con su pareja un nido de ramitas enorme, donde pone los huevos y cría a sus polluelos. Se reproduce en colonias cercanas a zonas de alimentación, como prados o lagos poco profundos. Durante muchos años utiliza el mismo nido, que también les sirve a aves más pequeñas que anidan dentro de las ramitas.

Se cree que, si una cigüeña anida en una casa, trae buena suerte a quienes viven en ella. Es un visitante bienvenido porque se alimenta de ratas y ratones, que no son buenos compañeros de piso. Al final del verano, las cigüeñas parten hacia el sur para evitar el hielo invernal.

El mito sobre las cigüeñas que traen a los bebés data de hace al menos 2500 años. Se hizo mundialmente famoso gracias a un cuento titulado *Las cigüeñas*, escrito por el danés Hans Christian Andersen en el siglo XIX.

Europa

Asia

África

Alimentación
Suele buscar comida en los campos recién segados o sembrados. Se alimenta de insectos y pequeños mamíferos.

Rutas migratorias
Algunas cigüeñas pasan el invierno en África, mientras que otras permanecen en el sur de Europa.

Nidos
Antes, las cigüeñas construían sus pesados nidos en lo alto de los árboles. Ahora prefieren las chimeneas, más estables en caso de tormenta.

Gineta (*Viverra genetta*)

Las ginetas se trajeron de África como ratoneras para mantener las casas libres de roedores. No tardaron en escaparse y ahora viven salvajes en los bosques ibéricos.

Rabilargo ibérico (*Cyanopica cooki*)

Pertenece a la familia de los córvidos.

Chotacabras cuellirrojo (*Caprimulgus ruficollis*)

Antiguamente, se creía que se alimentaba tomando leche de cabras dormidas. En realidad, come insectos que atrapa en el aire.

Cigüeña negra (*Ciconia nigra*)

El único lugar de Europa donde vive es la península ibérica.

Lince ibérico (*Lynx pardinus*)

Esta especie se ha salvado de la extinción gracias a los esfuerzos de conservación que se han hecho.

Chupaleches (*Iphiclides feisthamelii*)

Se alimenta en los límites del bosque, donde crecen flores silvestres.

ALCORNOCAL

La península ibérica está formada por dos países: España y Portugal. En ellos viven algunos de los animales más singulares y esquivos de Europa, que se encuentran en hábitats únicos como los alcornocales. El corcho es la corteza blanda y esponjosa del alcornoque (*Quercus suber*), una especie autóctona del sur de la península. Los árboles no se talan para obtener el corcho; la corteza se retira a mano, y luego vuelve a crecer. Pasados nueve años, se repite el proceso.

Gran parte de este tipo de bosque permanece intacto durante largos periodos y ofrece un hábitat rico y tranquilo para la fauna. La ausencia de perturbaciones es especialmente importante para los animales grandes y tímidos que prefieren mantenerse alejados de las personas. En otros lugares, podrían ser cazados o los ahuyentaría la visión, el sonido y el olor de los humanos. El corcho se utiliza para hacer los tapones de las botellas de vino, para hacer suelos o para fabricar pelotas de cricket, entre otros usos.

Océano Atlántico

España

Portugal

Mar Mediterráneo

Ranita meridional
(*Hyla meridionalis*)
Las ranas tienen la piel suave y húmeda; la de los sapos es áspera y seca. También se mueven de forma diferente: los sapos se arrastran despacio y las ranas saltan de forma espectacular.

Esfinge de la muerte africana
(*Acherontia atropos*)
Este lepidóptero debe su nombre a las marcas en forma de calavera que presenta en el dorso.

Jabalí (*Sus scrofa*)
En los alcornocales no tiene depredadores, por lo que su población está creciendo.

Erizo común
(*Erinaceus europaeus*)
Se alimenta de babosas, gusanos e insectos.

LOS ALPES

La cordillera de los Alpes tiene 1200 km de longitud y las montañas más altas de Europa. Si se contempla durante una tormenta invernal, parece imposible que la fauna pueda sobrevivir en estos picos escarpados. Sin embargo, más de 30 000 especies de animales viven en estas montañas, lo que las convierte en un lugar lleno de vida, incluso en pleno invierno: las diminutas moscas de la nieve buscan constantemente alimento en el hielo; su cuerpo contiene sustancias químicas especiales que impiden que se congelen a temperaturas bajo cero.

Quebrantahuesos
(Gypaetus barbatus)
Ejemplares criados en cautividad se han liberado en los Alpes.

Chova piquigualda
(Pyrrhocorax graculus)
Es una de las aves que anida a mayor altitud.

Apolo
(Parnassius apollo)
Esta mariposa suele encontrarse a más de 1000 m de altitud.

Salamandra alpina
(Salamandra atra)
Las salamandras son difíciles de distinguir entre las rocas.

Las laderas orientadas al sur son las primeras que empiezan a bullir en primavera; están situadas hacia el sol y se descongelan rápidamente. A medida que aumentan las temperaturas, los animales que hibernan se despiertan, y, tras seis meses durmiendo, enseguida empiezan a comer. En tan solo unas semanas, mariposas y pájaros aparecen en lo alto de las montañas, las flores y la hierba vuelven a crecer y las praderas alpinas se llenan de insectos. La vida regresa a las montañas.

Rebeco
(Rupicapra rupicapra)
Experto alpinista, el rebeco puede escalar barrancos casi verticales y saltar hasta 6 m entre las rocas.

Marmota alpina
(Marmota marmota)
Durante la hibernación, respira tan solo dos veces por minuto y su ritmo cardíaco se reduce a cinco latidos por minuto.

Cascanueces común
(Nucifraga caryocatactes)
Tiene el extremo de la lengua dividido en dos, lo que le ayuda a hurgar en el interior de las piñas y extraer las semillas.

Renacer de las cenizas

Hay quienes piensan que la leyenda del ave fénix —un ave que renace de sus cenizas— procede del ciclo vital de los flamencos.

Sociables

Nunca están solos. Anidan, se alimentan y vuelan en colonias o bandadas.

Filtradores

Tienen unos filtros muy finos en el extremo del pico con los que atrapan pequeños animales acuáticos.

Utilizan el barro para construir nidos en forma de cono, que el sol no tarda en secar.

FLAMENCO COMÚN

Las marismas de Molentargius, en Cerdeña, son el lugar perfecto para observar *genti arrubia* (gente roja), el nombre sardo para el flamenco. Esta alta y esbelta ave de color rosa en realidad tiene las plumas blancas; lo que sucede es que se alimenta principalmente de un diminuto crustáceo de color rosa (*Artemia salina*) que contiene una sustancia química responsable de ese color. Cuando ingiere miles de ellos, absorbe dicha sustancia química y las nuevas plumas se vuelven rosas. Pero si el suministro de crustáceos disminuye, las siguientes plumas vuelven a ser blancas.

Todo un espectáculo
Los flamencos se exhiben estirando el cuello hacia arriba y hacia abajo, y, luego, marchan juntos en línea recta.

Cambio de plumas
Los flamencos jóvenes tienen el plumaje plateado y aterciopelado, y se vuelve blanco con el tiempo. Las plumas no adquieren el color rosa hasta que han ingerido suficientes crustáceos.

Al revés
Se alimentan introduciendo la cabeza en el agua y colocando el pico al revés.

Las marismas de Molentragius son uno de los lugares más importantes de Europa para las aves acuáticas. Albergan patos, zancudas y garzas, y en pleno verano puede haber más de mil flamencos adultos y polluelos alimentándose en sus limpias aguas. Los adultos reconocen a sus crías por el sonido de su canto.

GRECIA

Grecia es un país de montañas e islas. Gran parte de su fauna es tímida y difícil de distinguir entre el paisaje rocoso, mientras que otros animales pueden verse fácilmente en los jardines de los hoteles.

Tiene unas 6000 islas y un extenso litoral. Algunos de los animales más interesantes del país viven en el mar y solo pueden avistarse en excursiones en barco. En la actualidad, el Parque Nacional Marino de Alónissos es la mayor reserva marina protegida de Europa. Inicialmente, se creó para proporcionar un hábitat seguro a la foca monje, especie en peligro de extinción, pero hoy en día alberga una gran variedad de ballenas, delfines y más de 300 especies de peces.

Grecia cuenta con otros 12 parques nacionales, como el del monte Eta, donde se supone que murió el legendario héroe Hércules. En la actualidad, los parques protegen valiosos bosques y muchos de los animales más raros del país. También proporcionan alimento a las aves migratorias en la ruta entre el norte de Europa y África.

Musarañita *(Suncus etruscus)*

Es el mamífero más pequeño de todos, un animal activo que necesita comer diariamente el doble de su peso corporal.

Mantis europea
(Mantis religiosa)

La hembra es mucho más grande que el macho. Tras el apareamiento, a veces incluso se lo come.

Alcaudón norteño
(Lanius excubitor)

Esta ave cazadora empala a sus presas en arbustos espinosos para comérselas más tarde.

Chotacabras europeo
(Caprimulgus europaeus)

Se camufla para confundirse con los árboles y la hojarasca de los hábitats forestales.

Escarabajo de la nariz sangrante
(Timarcha tenebricosa)

Como su nombre indica, cuando se enfrenta a un enemigo, este escarabajo secreta un líquido rojo que sabe fatal y mantiene a los depredadores alejados.

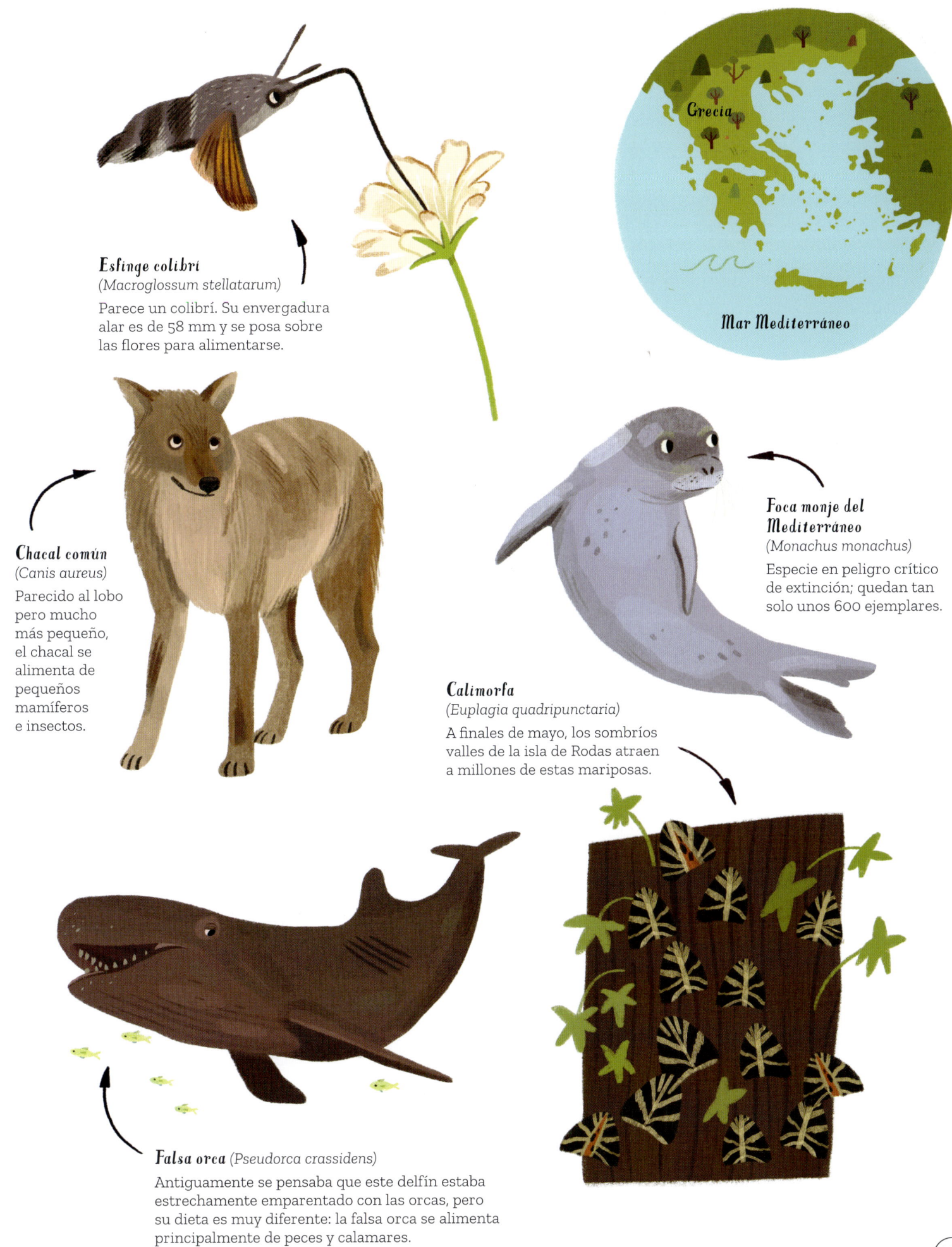

Esfinge colibrí
(Macroglossum stellatarum)

Parece un colibrí. Su envergadura alar es de 58 mm y se posa sobre las flores para alimentarse.

Grecia

Mar Mediterráneo

Chacal común
(Canis aureus)

Parecido al lobo pero mucho más pequeño, el chacal se alimenta de pequeños mamíferos e insectos.

Foca monje del Mediterráneo
(Monachus monachus)

Especie en peligro crítico de extinción; quedan tan solo unos 600 ejemplares.

Calimorfa
(Euplagia quadripunctaria)

A finales de mayo, los sombríos valles de la isla de Rodas atraen a millones de estas mariposas.

Falsa orca *(Pseudorca crassidens)*

Antiguamente se pensaba que este delfín estaba estrechamente emparentado con las orcas, pero su dieta es muy diferente: la falsa orca se alimenta principalmente de peces y calamares.

OSO PARDO

En el pasado, el oso pardo (*Ursus arctos*) poblaba casi toda Europa. Es un animal inteligente y se adapta muy bien al medio. Debido a su tamaño y fuerza, no tiene más depredadores naturales que el ser humano, quien, durante siglos, los ha cazado o se ha apoderado de sus mejores hábitats. Como resultado, este animal ha desaparecido de muchos países, no así de Rumanía: más de la mitad de los osos pardos de Europa vive en los milenarios bosques de este país.

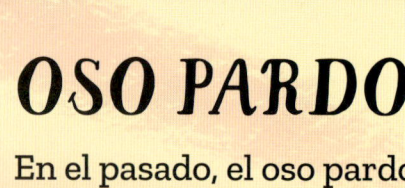

Rumania

Carreteras peligrosas

El tráfico rodado es un gran peligro para toda la fauna, incluso para animales grandes como los osos.

Basureros

Algunos osos visitan las ciudades por la noche y vuelcan la basura para buscar en ella alimentos.

Un oso adulto pesa 450 kg. Tiene un gran apetito: puede pasar 18 horas al día buscando comida. El oso es un animal omnívoro: no es lo bastante rápido para cazar presas vivas, pero come cualquier resto de animal que encuentre en el bosque; sin embargo, la mayor parte de su dieta se compone de plantas, y, a finales del verano, de fruta, setas y frutos secos.

El oso pardo evita a los humanos. Los ataques son muy raros y suelen ocurrir solo cuando el animal se ve sorprendido o se asusta.

Pies grandes

Las patas traseras de un oso pardo pueden medir entre 21 y 36 cm de largo.

Sueño invernal

Durante el invierno, el oso pardo hiberna en cuevas, bajo las raíces de los árboles o en madrigueras excavadas en la tierra.

Oteando el horizonte

Es un animal miope: se levanta sobre las patas traseras para ver mejor lo que le rodea.

Pescador

Come pescado, ¡cuando puede pescarlo!

Alimentación

La hierba y los insectos constituyen gran parte de su dieta.

Mamá osa

Los oseznos permanecen con su madre hasta los tres años.

Manzanas

Es uno de sus alimentos más apreciados.

DELTA DEL DANUBIO

El Danubio nace en la Selva Negra alemana, atraviesa diez países —más que ningún otro río— y desemboca finalmente en el mar Negro. Justo antes de llegar al mar, la corriente se vuelve más lenta y el río se ensancha sobre un área enorme. Esto es lo que se conoce como «delta», y da lugar a un intrincado laberinto de canales, marismas y lagunas.

El delta del Danubio, situado en la frontera entre Ucrania y Rumanía, ocupa 4150 km² y es una zona de gran biodiversidad e importancia internacional. Aquí se han avistado más de 300 especies de aves, y los científicos tratan de cuantificar las especies de insectos que hay.

Aunque en el delta vive gente, este paisaje de humedales es uno de los lugares menos poblados de Europa. Se trata de una región de lagos, juncos, marismas y bosques, en gran parte de difícil acceso. La vida natural permanece practicamente intacta, aunque el turismo está suscitando una creciente preocupación en algunas zonas.

Búfalo de agua (*Bubalus bubalis*)
Se ha liberado en el delta para que paste las plantas acuáticas e impida, con ello, la obstrucción de los canales.

Rana europea común
(*Pelophylax ridibundus*)
Esta astuta rana se sube al lomo de los búfalos de agua para alimentarse de los insectos que atraen.

Libélula emperador
(*Anax imperator*)
Es una depredadora rápida y fuerte. Caza mariposas, otras libélulas ¡e incluso renacuajos que saca del agua!

Perro mapache
(*Nyctereutes procyonoides*)
De la familia de los cánidos, fue introducido en Europa desde Asia como consecuencia del comercio de pieles. Es una problemática especie invasora.

Abejaruco
(Merops apiaster)
Para anidar, excava túneles en las orillas arenosas de los ríos.

Ucrania

Rumania

Río Danubio

Esturión beluga *(Huso huso)*
Los huevos no fecundados del esturión se denominan «huevas» y constituyen el caviar.

Pelícano común
(Pelecanus onocrotalus)
Más de la mitad de los pelícanos de Europa están en el delta del Danubio.

Siluro europeo
(Silurus glanis)
Puede vivir 50 años y alcanzar unos impresionantes 3 m de longitud.

Galápago europeo
(Emys orbicularis)
Pone los huevos en tierra.

Musgaño patiblanco *(Neomys fodiens)*
Es muy agresivo, y uno de los pocos mamíferos cuya mordedura es venenosa.

OCEANÍA Y LOS POLOS

Oceanía es el continente más pequeño y menos poblado de todos. La mayor parte se encuentra en el hemisferio sur, así que el invierno discurre entre junio, julio y agosto, y el verano comienza en diciembre. Es un continente insular; está compuesto enteramente por islas: grupos aislados dispersos por el océano Pacífico, cada uno con su particular, diversa y apasionante colección de vida natural.

Oso polar
(Ursus maritimus)

Buey almizclero
(Ovibos moschatus)

Narval
(Monodon monoceros)

Morsa
(Odobenus rosmarus)

Cangrejo de los cocoteros
(Birgus latro)

Pulpo gigante
(Enteroctopus dofleini)

Búho nival
(Bubo scandiacus)

4 ÁRTICO
El Ártico es el hogar del oso polar, del buey almizclero —que defiende a sus crías formando círculos protectores a su alrededor— y del narval, conectado con el mítico unicornio.

2 NUEVA ZELANDA
La fauna neozelandesa es una fuente de sorpresas: hay pájaros muy inteligentes que han perdido la capacidad de volar y un insecto con orejas en las patas.

1 AUSTRALIA
Australia es una tierra de animales insólitos: el feroz demonio de Tasmania, el asombroso ornitorrinco o el bilbi mayor, entre otros muchos.

Volador cabecita
(Cheilopogon pinnatibarbatus)

Océano Pacífico

③

Kiwi común
(Apteryx australis)

Weta gigante
(Deinacrida rugosa)

②

Koala
(Phascolarctos cinereus)

Kakapo
(Strigops habroptilus)

Ornitorrinco
(Ornithorhynchus anatinus)

Equidna de hocico corto
(Tachyglossus aculeatus)

①

Canguro arborícola de Lumholtz
(Dendrolagus lumholtzi)

OCÉANO PACÍFICO

③ El Pacífico contiene mucha y variada vida. Desde arañas sonrientes y peces voladores hasta pulpos capaces de resolver puzles.

Orca
(Orcinus orca)

ANTÁRTIDA

⑤ Trata de imaginar el entorno más hostil para que un ave viva y se reproduzca en él: hielo permanente, oscuridad casi ininterrumpida, vientos huracanados y escasos lugares de refugio. Esto es la Antártida. Aquí, los ingeniosos pingüinos emperador han aprendido a sobrevivir contra todo pronóstico.

Pingüino emperador
(Aptenodytes forsteri)

⑤

Australia es la masa continental más grande de Oceanía. Las regiones centrales son secas y calurosas, un hábitat adecuado solo para la fauna más especializada. Es famosa por sus marsupiales.

La mayor parte de Oceanía es de clima templado y húmedo. Pero el Pacífico se extiende hasta las regiones polares del norte y del sur. La vida en esos ambientes extremos requiere adaptaciones completamente diferentes que permiten a los animales sobrevivir a los largos y oscuros inviernos.

Oceanía está amenazada por el cambio climático. Cualquier aumento de la temperatura global derrite el hielo polar y eleva el nivel del mar de todo el planeta. La mayor parte de la tierra de las remotas Islas Marshall se encuentra a solo 2,1 m sobre el nivel del mar; por tanto, si el nivel de las aguas del océano Pacífico aumenta, casi seguro que estas islas quedarán inundadas.

AUSTRALIA

Australia quedó aislada del resto de los continentes hace unos 45 millones de años. Tras la extinción de los dinosaurios, nuevos animales evolucionaron; entre ellos, los marsupiales. Con el tiempo, los marsupiales prácticamente desaparecieron de la mayoría de los lugares, excepto de Australia, donde representan casi todas las especies de mamíferos.

Marsupial significa «bolsa». Las hembras tienen una bolsa de piel en el abdomen, llamada «marsupio», donde mantienen a las crías calientes, secas y protegidas. Las crías nacen inmaduras y no pueden sobrevivir por sí mismas, así que pasan las primeras semanas de vida dentro del marsupio, alimentándose de la leche materna y terminando de completar su desarrollo. A medida que crecen, abandonan la bolsa para explorar, pero vuelven al interior para dormir o esconderse de cualquier peligro.

El canguro rojo es el marsupial más grande. El adulto pesa hasta 46 kg, pero sus crías solo pesan 1 g y miden 2 cm de largo al nacer.

Bilbi mayor
(Macrotis lagotis)
El embarazo de la hembra dura solo 14 días, tras lo cual nacen sus diminutas crías.

Petauro del azúcar
(Petaurus breviceps)
Utiliza unas membranas de piel que tiene entre las patas traseras y las delanteras para planear entre los árboles por la noche.

Canguro rojo *(Osphranter rufus)*
Es el canguro de mayor tamaño. Activo sobre todo de noche, a veces puede ser difícil de distinguir a tiempo cuando cruza una carretera.

Demonio de Tasmania
(Sarcophilus harrisii)
Solo se encuentra en la isla de Tasmania. Es un cazador eficiente, pero prefiere comer carroña cuando es posible.

Canguro arborícola de Lumholtz
(Dendrolagus lumholtzi)

Como su nombre indica, vive en los árboles, donde se alimenta de hojas y frutos. Tiene las garras largas y afiladas, y unas fuertes patas traseras para trepar.

Ornitorrinco
(Ornithorhynchus anatinus)

¿Es un ave? ¿Es un roedor? El ornitorrinco es un animal verdaderamente extraño: ¡es un mamífero que pone huevos!

Cuol occidental
(Dasyurus geoffroii)

Es el carnívoro autóctono más grande de Australia. Tiene el tamaño de un gato doméstico.

Falangero listado
(Dactylopsila trivirgata)

Vive en las selvas tropicales del noreste de Australia. Desprende un olor muy fuerte que se cree que ahuyenta a los depredadores.

Wómbat de hocico peludo sureño
(Lasiorhinus latifrons)

Es un experto cavador: excava largos túneles y madrigueras que comparte con otros diez individuos.

Koala
(Phascolarctos cinereus)

Vive en los eucaliptos y solo se alimenta de sus hojas. Duerme hasta 20 horas al día.

NUEVA ZELANDA

Los primeros humanos llegaron a Nueva Zelanda hace unos 800 años y se encontraron con un grupo de islas cubiertas de extensos bosques de hayas del sur y rimus repletos de animales. Los bosques neozelandeses ofrecen refugio y alimento a una gran variedad de animales. Antes de la llegada del hombre, los únicos mamíferos terrestres autóctonos eran tres especies de murciélagos.

Ninox maori
(Ninox novaeseelandiae)
Este búho es conocido por su inquietante llamada de dos tonos.

Kakapo *(Strigops habroptilus)*
Es el único loro no volador que existe. Puede llegar a vivir hasta 100 años, probablemente más que cualquier otra ave.

Pingüino de ojo amarillo
(Megadyptes antipodes)
A la mayoría de los pingüinos les gusta anidar cerca unos de otros, pero este prefiere estar fuera de la vista del resto de la colonia.

Abanico maori
(Rhipidura fuliginosa)
Cuando se exhibe, levanta las plumas de la cola y las abre como un abanico gigante.

Weta gigante
(Deinacrida rugosa)
Percibe los sonidos con las patas delanteras, justo debajo de la articulación de la «rodilla».

No había grandes depredadores, por eso muchas aves perdieron la capacidad de volar. Esto no fue un problema hasta que el ser humano introdujo depredadores como comadrejas y ratas; las aves no voladoras eran presas fáciles y su población disminuyó. Desde invertebrados terrestres, lagartos y ranas hasta aves que viven en las copas de los árboles, los bosques templados albergan complejas cadenas tróficas. Sorprendentemente, Nueva Zelanda es el mejor lugar para ver pingüinos: alberga 13 de las 18 especies del planeta, y una de ellas anida en el interior de estos bosques.

Mar de Tasmania

Nueva Zelanda

Océano Pacífico

Paloma maori o kererū
(Hemiphaga novaeseelandiae)

Es un ave frugívora. Su población se ha visto diezmada por la introducción de la zarigüeya australiana (*Trichosurus vulpecula*).

Kiwi común
(Apteryx australis)

Es la única ave que tiene fosas nasales en el extremo del pico.

Murciélago colicorto
(Mystacina tuberculata)

Encuentra gran parte de su alimento arrastrándose por el suelo del bosque en busca de insectos entre las hojas caídas.

Tuátara común
(Sphenodon punctatus)

Las tuátaras jóvenes tienen tres ojos. El ojo extra está en medio de la frente y se cubre de escamas a los seis meses.

Geco enjoyado
(Naultinus gemmeus)

La hembra es mucho más brillante que el macho, que es de color marrón.

113

OCÉANO PACÍFICO

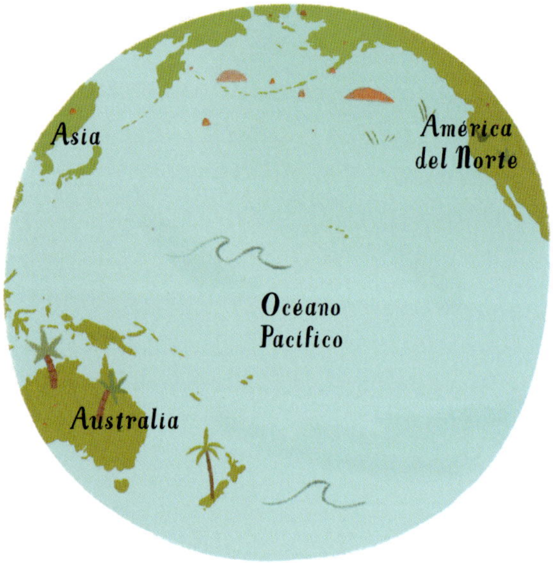

El Pacífico es el océano más grande de todos. Cubre casi un tercio de la superficie de la Tierra y contiene más de 25 000 islas. La mayoría son tropicales, con un entorno fértil y cálido, pero sorprendentemente pocas especies animales. Esto se debe a la lejanía de las islas, muy separadas unas de otras. Si bien las aves y la fauna marina no tienen dificultades para sobrevolar o desplazarse por el agua, no sucede lo mismo con los animales terrestres. Los mamíferos son escasos; sin embargo, muchas islas tienen considerables poblaciones de invertebrados, quizá transportados por el viento o en troncos flotantes.

La mayor biodiversidad del Pacífico se encuentra en el mar; por ejemplo, Hawái, uno de los principales archipiélagos, está a unos 3000 km de cualquier gran masa continental. Cuenta con más de 300 especies de aves, pero la mayoría son aves marinas que pasan el 80 % de su vida alimentándose en mar abierto.

Asia

América del Norte

Océano Pacífico

Australia

Volador cabecita
(Cheilopogon pinnatibarbatus)

Los peces voladores saltan fuera del agua para evitar a los depredadores. Pueden desplazarse en el aire hasta 50 m, y planean utilizando las largas aletas que tienen a cada lado del cuerpo.

Tiburón anguila
(Chlamydoselachus anguineus)

Tiene 300 dientes afilados y curvos.

Cangrejo de los cocoteros *(Birgus latro)*

Puede llegar a medir hasta 1 m y pesar 4 kg. Vive en madrigueras subterráneas, pero a menudo trepa por los árboles para alimentarse de los frutos.

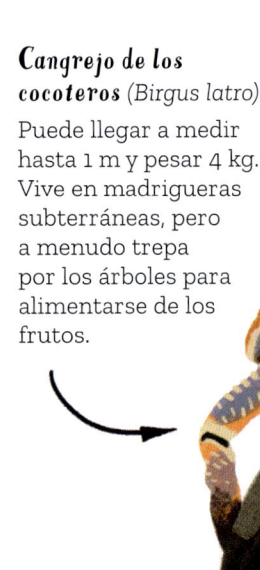

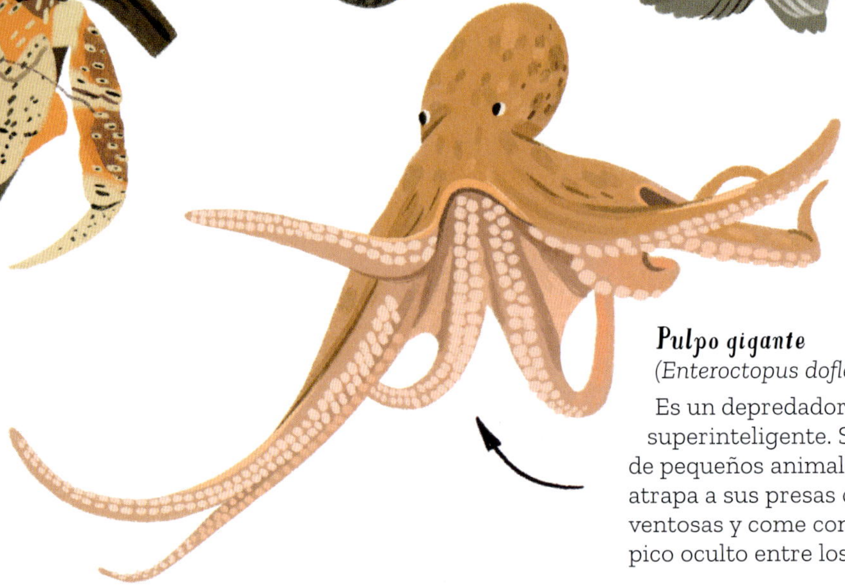

Pulpo gigante
(Enteroctopus dofleini)

Es un depredador superinteligente. Se alimenta de pequeños animales marinos: atrapa a sus presas con potentes ventosas y come con un afilado pico oculto entre los tentáculos.

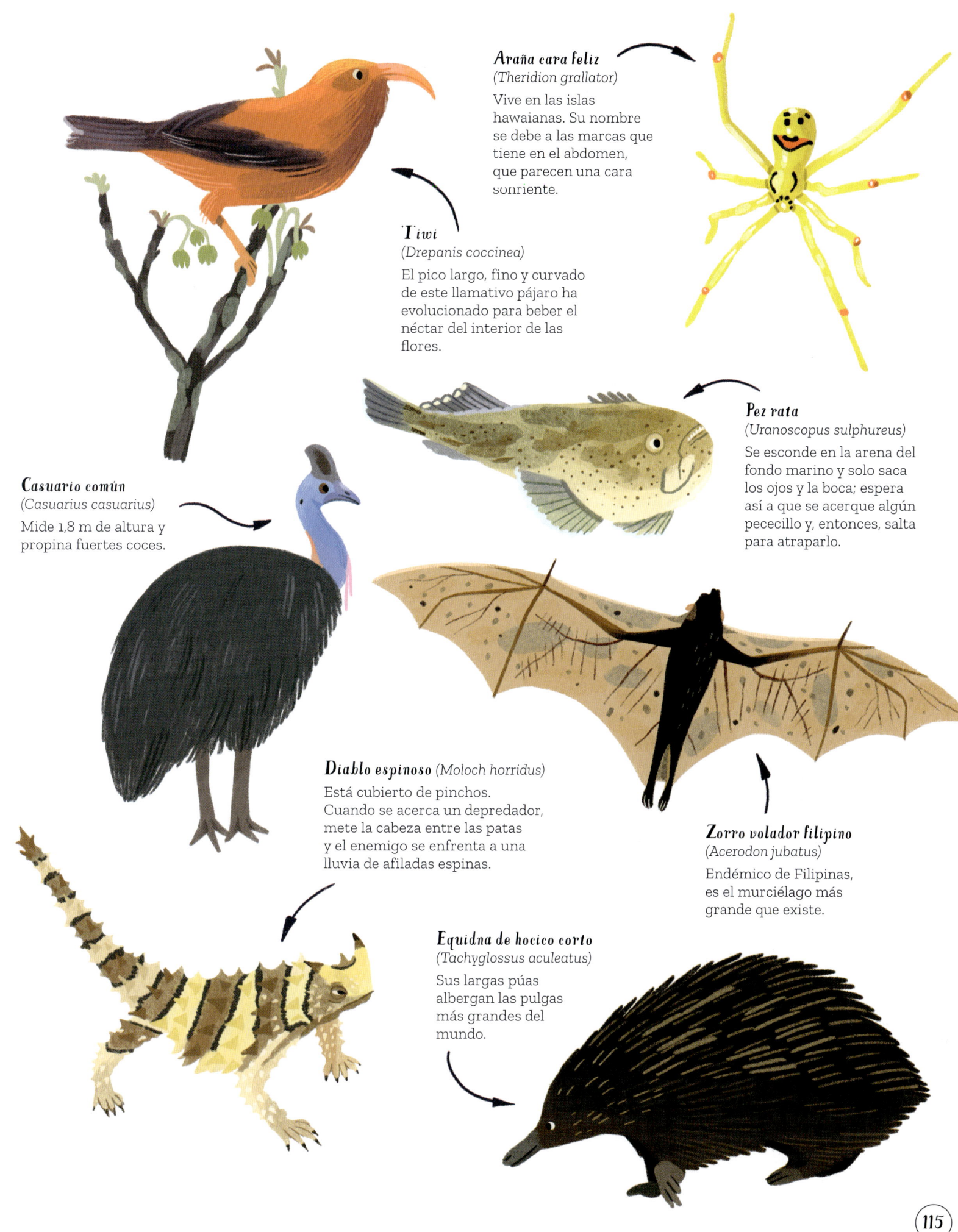

Araña cara feliz
(Theridion grallator)

Vive en las islas hawaianas. Su nombre se debe a las marcas que tiene en el abdomen, que parecen una cara sonriente.

Tiwi
(Drepanis coccinea)

El pico largo, fino y curvado de este llamativo pájaro ha evolucionado para beber el néctar del interior de las flores.

Pez rata
(Uranoscopus sulphureus)

Se esconde en la arena del fondo marino y solo saca los ojos y la boca; espera así a que se acerque algún pececillo y, entonces, salta para atraparlo.

Casuario común
(Casuarius casuarius)

Mide 1,8 m de altura y propina fuertes coces.

Diablo espinoso *(Moloch horridus)*

Está cubierto de pinchos. Cuando se acerca un depredador, mete la cabeza entre las patas y el enemigo se enfrenta a una lluvia de afiladas espinas.

Zorro volador filipino
(Acerodon jubatus)

Endémico de Filipinas, es el murciélago más grande que existe.

Equidna de hocico corto
(Tachyglossus aculeatus)

Sus largas púas albergan las pulgas más grandes del mundo.

ÁRTICO

El Ártico abarca las regiones del norte de siete países y es una zona de condiciones extremas. El Polo Norte se encuentra en un mar helado todo el año. Al comienzo del invierno, la mayor parte del océano Ártico también se congela. Los mamíferos marinos, como las ballenas, necesitan encontrar el límite del hielo para poder alimentarse y respirar. En verano, la mitad del hielo marino invernal se derrite y el océano vuelve a abrirse.

La mayor parte de la fauna vive más al sur, en tierra firme, cerca del círculo polar ártico. A diferencia de la aislada Antártida, los animales pueden llegar fácilmente al Ártico, por lo que presenta una biodiversidad mucho mayor. Los animales tienen que sobrevivir a unas duras condiciones climáticas y al cambio constante en la duración de los días. En el invierno polar, el sol nunca pasa la línea del horizonte, por lo que está oscuro las 24 horas del día. En verano ocurre lo contrario, y nunca oscurece.

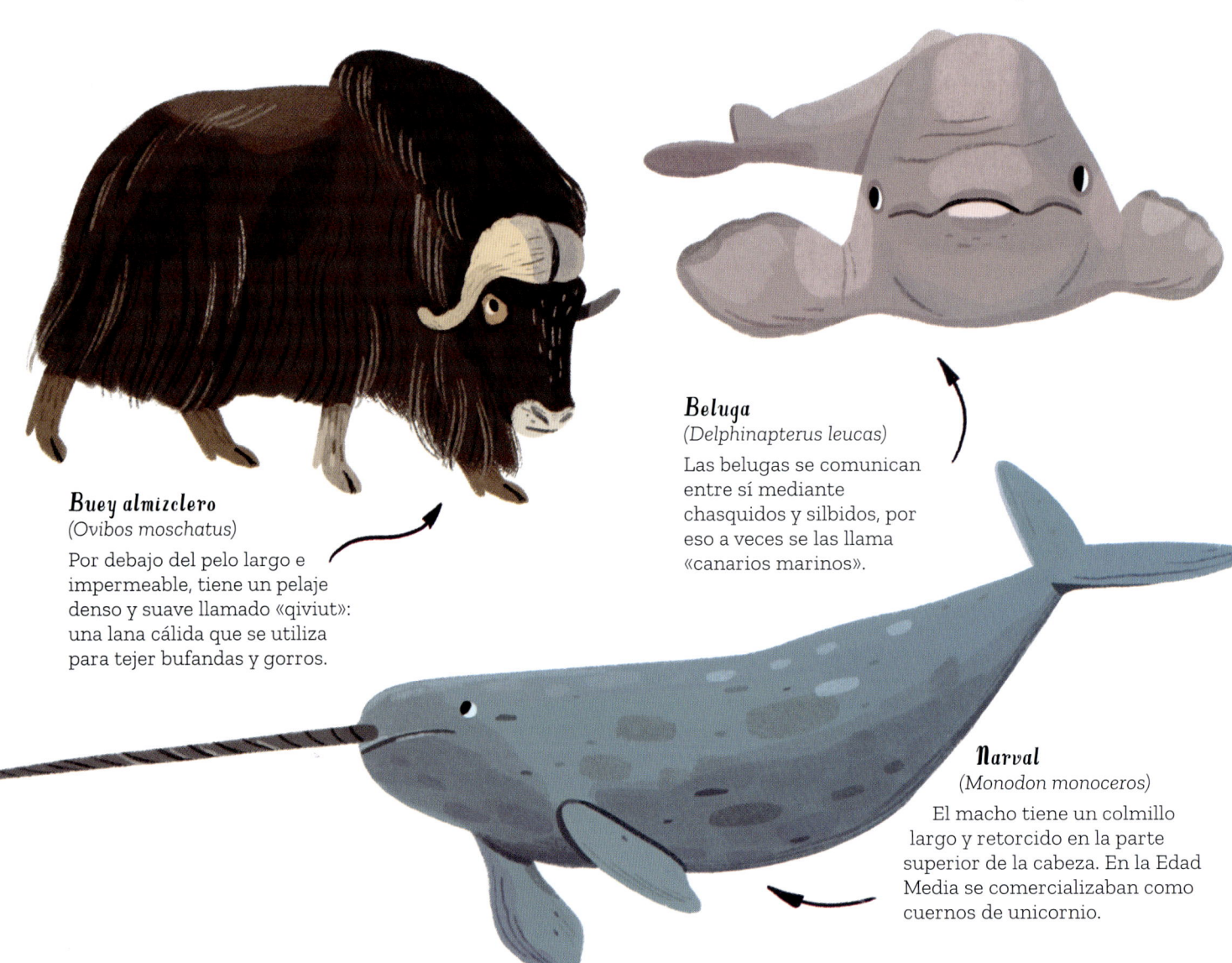

Búho nival *(Bubo scandiacus)*
Es la única especie de búho blanco. Esto lo ayuda a camuflarse para cazar en un paisaje nevado.

Buey almizclero
(Ovibos moschatus)
Por debajo del pelo largo e impermeable, tiene un pelaje denso y suave llamado «qiviut»: una lana cálida que se utiliza para tejer bufandas y gorros.

Beluga
(Delphinapterus leucas)
Las belugas se comunican entre sí mediante chasquidos y silbidos, por eso a veces se las llama «canarios marinos».

Narval
(Monodon monoceros)
El macho tiene un colmillo largo y retorcido en la parte superior de la cabeza. En la Edad Media se comercializaban como cuernos de unicornio.

Gaviota marfileña
(Pagophila eburnea)
Vive en las frías aguas del Pacífico norte y está gravemente amenazada por el calentamiento global y el deshielo polar.

Masa de hielo del Ártico

Estauromedusa
(Lucernaria quadricornis)
Esta medusa es una depredadora armada con cientos de tentáculos que atrapan a cualquier animal pequeño que nade a su alcance.

Eider real *(Somateria spectabilis)*
Pato marino que se desplaza tierra adentro, a la tundra, para reproducirse a principios de verano.

Morsa *(Odobenus rosmarus)*
Tanto el macho como la hembra tienen colmillos, que utilizan para sujetarse al hielo flotante.

Pez médico *(Gymnelus viridis)*
Pez óseo que vive en el fango y la arena del fondo del Ártico.

Oso polar *(Ursus maritimus)*
Es el mayor depredador terrestre que hay. Caza focas en las aguas heladas del Ártico.

ANTÁRTIDA

Es el continente más frío de todos. Los inviernos son duros y muy largos, por lo que la mayoría de las aves se desplazan hacia el norte, donde la supervivencia es más fácil. El pingüino emperador (*Aptenodytes forsteri*) es la única especie que anida en estas condiciones tan hostiles.

Los pingüinos abandonan el mar al comienzo del invierno y recorren hasta 120 km para llegar a las zonas de cría en el continente antártico. Tras el apareamiento, las hembras ponen un solo huevo y regresan al mar. Los machos colocan el huevo entre las patas y lo cubren con su piel para protegerlo. Durante las diez semanas siguientes, ni comen ni se mueven: su trabajo consiste en evitar que el huevo se congele a temperaturas que pueden descender hasta −30 °C.

Las hembras suelen regresar justo después de que nazcan los polluelos. Traen consigo alimento para ellos y se encargan ahora de protegerlos, mientras que los machos hambrientos vuelven al mar para alimentarse.

Apiñados
En una colonia hay miles de pingüinos; se pegan mucho unos a otros de espaldas al viento para mantenerse calientes.

Saltarines
Saltan hacia el hielo desde el agua nadando hacia arriba lo más rápido posible.

A cubierto
Los pingüinos jóvenes pueden morir de frío, por lo que permanecen bajo las plumas de los adultos.

Unidos
Los jóvenes se acurrucan para darse calor mientras esperan a que sus padres regresen con comida.

Hijos únicos
Los pingüinos emperador ponen un solo huevo al año. A los machos les resultaría imposible incubar entre las patas más de un huevo.

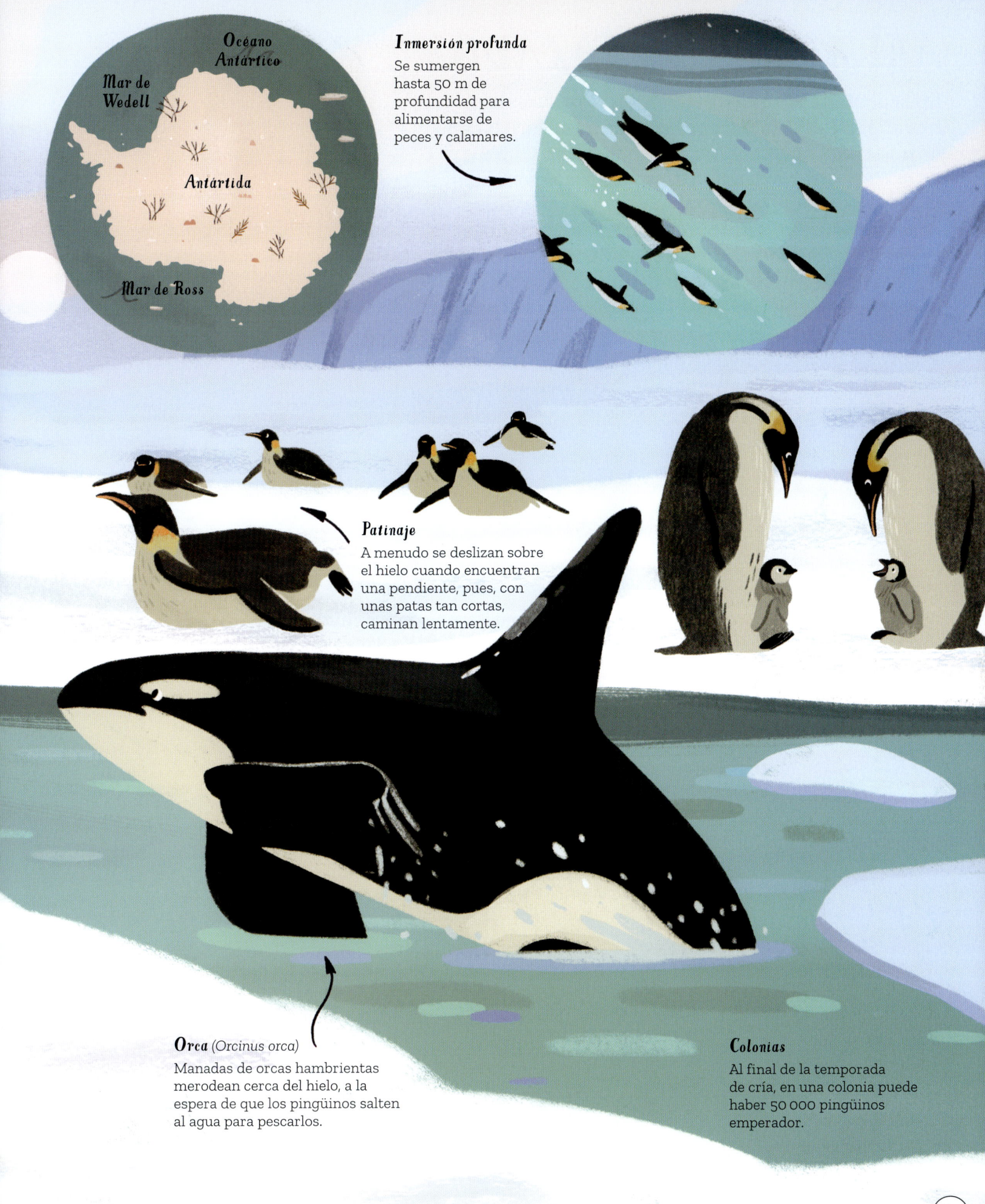

Mar de Wedell

Océano Antártico

Antártida

Mar de Ross

Inmersión profunda
Se sumergen hasta 50 m de profundidad para alimentarse de peces y calamares.

Patinaje
A menudo se deslizan sobre el hielo cuando encuentran una pendiente, pues, con unas patas tan cortas, caminan lentamente.

Orca (*Orcinus orca*)
Manadas de orcas hambrientas merodean cerca del hielo, a la espera de que los pingüinos salten al agua para pescarlos.

Colonias
Al final de la temporada de cría, en una colonia puede haber 50 000 pingüinos emperador.

ANIMALES AMENAZADOS

En la actualidad existen unas 6500 especies de mamíferos, y los científicos calculan que alrededor de una cuarta parte (1600 especies) están en peligro de extinción. La extinción es un proceso natural: las especies evolucionan, aparecen nuevas y otras desaparecen. Sin embargo, la actividad humana está acelerando los cambios más que nunca, y los animales no tienen tiempo de evolucionar. La caza excesiva y la contaminación ponen en peligro la vida silvestre en todo el planeta, y la destrucción de los hábitats es mortal para muchos de ellos. Cuando se talan los bosques, los animales a menudo no tienen adónde ir. Sin el alimento y el refugio adecuados, la mayoría no sobreviven.

Comercio de pieles
Algunos animales se cazan de manera ilegal para hacer abrigos y sombreros con su piel.

CAMBIO CLIMÁTICO: LA MAYOR AMENAZA

La vida en la Tierra sería imposible sin el Sol, que proporciona el calor y la luz gracias a los cuales sobreviven plantas y animales. Pero todos los seres vivos necesitamos una «zona habitable», esto es, un ambiente que no sea ni demasiado caliente ni demasiado frío, sino justo el adecuado.

Las actividades humanas producen un exceso de gases de efecto invernadero, como el dióxido de carbono y el metano. Estos gases forman una capa en la atmósfera que actúa como una manta e impide que se escape el calor; por eso el planeta se está calentando. El aumento de las temperaturas derrite el hielo polar, cambia el clima y altera la mayoría de los hábitats, amenazando la supervivencia de las formas de vida tal y como las conocemos.

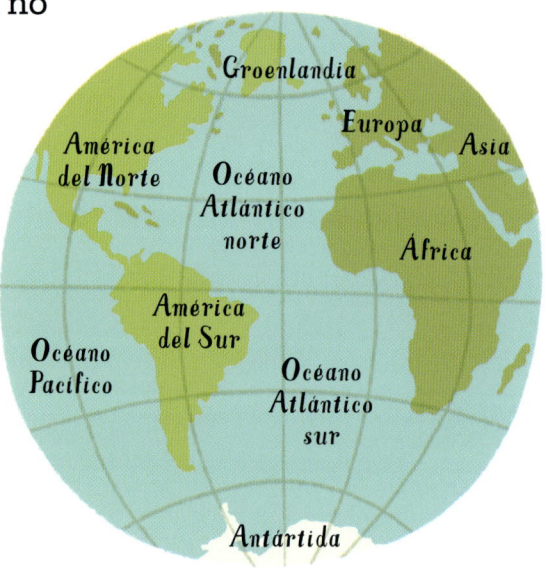

Contaminación por vehículos
Hoy en día hay edificios y carreteras donde antes había árboles y praderas. Los vehículos emiten gases que contribuyen al cambio climático y dañan la salud.

Deforestación

Cada 6 segundos se tala una superficie de selva tropical del tamaño de un campo de fútbol.

Aves en peligro de extinción

Solo quedan unos 500 ibis eremitas en libertad. La caza y los pesticidas los han llevado al borde de la extinción.

Pérdida de hábitats

Los orangutanes están en peligro crítico a causa de la caza furtiva y la deforestación.

Comercio de mascotas

Tortugas y otros animales se siguen capturando para venderlos como mascotas.

EL SER HUMANO Y LOS ANIMALES

En la Tierra había animales mucho antes de que aparecieran los primeros humanos, y la historia de nuestra especie está estrechamente relacionada con la vida salvaje. Al principio, nuestros antepasados cazaban animales para alimentarse y conseguir pieles. Luego, aprendieron a criar algunos para obtener carne, huevos y leche. Poco a poco, a lo largo de miles de años, cambiamos algunas especies: los lobos se convirtieron en perros, por ejemplo.

Sin embargo, los seres humanos han sido poco cuidadosos y la caza excesiva ha acabado con especies como el dodo o la paloma pasajera. Cuando los animales empezaron a desaparecer, los conservacionistas se dieron cuenta de que había que hacer algo para proteger la fauna salvaje antes de que fuera demasiado tarde.

Investigación
Los científicos estudian especies raras, como las salamandras gigantes, para saber cuál es la mejor manera de ayudarlas a sobrevivir.

PROTECCIÓN
En 1783, la reserva de Bogd Jan Uul, en Mongolia, se convirtió en el primer parque nacional. Desde entonces, se han creado parques en todo el mundo para proteger los hábitats y la vida silvestre. El más grande de todos es el Parque Nacional de Groenlandia, un paisaje de tundra.

Hábitat protegido
Más de 10 000 bueyes almizcleros viven en el extenso Parque Nacional de Groenlandia, donde están protegidos por ley.

Cuidados
Hay personas que han descubierto el placer de alimentar a animales en sus jardines, como a la mariposa monarca.

BIENESTAR
Está demostrado científicamente que los humanos necesitamos el contacto con la naturaleza. El simple hecho de pasear por un bosque u observar el vuelo de una bandada de pájaros reduce el estrés y la ansiedad. Pasar tiempo con animales y plantas nos hace sentir más felices y relajados. Las personas no estamos separadas del mundo natural: formamos parte de él.

Plan de cría

Los conservacionistas ayudan a especies escasas como el cóndor andino: crían ejemplares en cautividad y luego los liberan.

Domesticación

Hace miles de años, los humanos capturaron cachorros de lobo en estado salvaje y, con el tiempo, evolucionaron hasta convertirse en los perros de la actualidad.

Amistosos

En lugares como las Galápagos, donde se ha prohibido todo tipo de caza, muchos de los animales han perdido por completo el miedo a los humanos.

Reserva de la biosfera

La reserva de Bogd Jan Uul se creó para evitar que animales como el jabalí fueran exterminados por la caza excesiva.

ECOTURISMO

En los últimos tiempos ha surgido una nueva forma de hacer turismo: el ecoturismo, que consiste en viajar para ver animales exóticos en lugares fascinantes. Cada año, millones de personas llegan a África para fotografiar gorilas y leones. Ahora se caza a estos animales con cámaras en lugar de con armas.

Gorilas en libertad

Cada día, un pequeño número de personas se adentra en las montañas Virunga, en África oriental, para contemplar familias de gorilas salvajes.

123

¿CÓMO AYUDAR?

Los animales son esenciales para el planeta y se enfrentan a numerosas amenazas. La pérdida de hábitats, la contaminación del agua y el cambio climático son algunos de los desafíos actuales.

MUNDO EN CONEXIÓN

Busca organizaciones de conservación o recuperación que desempeñen su actividad en la zona donde vives y hazte voluntario.

Utiliza las redes sociales para compartir la información que te interesa o te preocupa: hay excelentes jóvenes ecologistas muy activos en Internet.

RECUERDA: NINGÚN ACTO ES INSIGNIFICANTE

Si cada uno de nosotros da pequeños pasos para proteger el planeta, podremos llegar lejos juntos.

APRENDE, APRENDE Y APRENDE

Cuanto más sepamos sobre la naturaleza, mejor podremos cuidarla.

- Sé curioso: lee, observa, escucha y aprende sobre la vida silvestre.

- Los animales tienen que vivir en algún sitio. Conoce sus hábitats.

- Descubre los océanos y la vida que contienen.

- Infórmate sobre las amenazas a las que nos enfrentamos y cómo ayudar.

- Comparte lo que aprendas con tu familia y tus amigos.

CONECTA CON LA NATURALEZA

- Pasa tiempo al aire libre siempre que puedas.

- Busca animales en el interior: las arañas y las cochinillas son increíbles.

- Alimenta a los pájaros: desde un balcón, cerca de casa o en el parque.

- Aprende a fijarte en los detalles: las plumas, los insectos y los gusanos son muy interesantes.

- Haz fotos de animales que te encuentres y de las marcas que dejan, como huellas o rastros en el barro o la nieve. Dibuja o escribe sobre ellas.

- Haz una colección con todos los hallazgos de tus paseos. Fotografíalos y compártelos con amigos.

- Haz un diario de naturalista.

HERRAMIENTAS

Unos prismáticos y una lupa te ayudarán a distinguir mejor lo que está muy lejos o lo que es pequeño.

REUTILIZA, RECICLA E INTENTA NO DESPERDICIAR NADA QUE PUEDA APROVECHARSE

El cambio climático es peligroso para el planeta. Todos podemos contribuir a ralentizar o incluso detener el calentamiento global:

- Apaga la luz cuando salgas de una habitación.

- No compres cosas que no necesites.

- Aparca el coche. Si puedes ir andando o en bici al colegio o a ver a un amigo, ¡hazlo!

- No dejes el grifo abierto.

- Piensa en lo que comes y elige opciones sostenibles para el medio ambiente. Come más verduras, frutas y legumbres de producción local.

- Evita los plásticos de un solo uso.

125

GLOSARIO

Acuático	Que vive en el agua.
Anfibio	Animal que se cría en el agua pero pasa la mayor parte de la vida en tierra.
Antártida	Continente en el Polo Sur.
Ártico	Área alrededor del Polo Norte.
Bacteria	Microorganismo unicelular demasiado pequeño para percibirse a simple vista.
Biodiversidad	Variedad de especies que viven en una zona.
Bosque tropical	Selva que recibe una gran cantidad de lluvia.
Caducifolio	Especie vegetal que pierde las hojas en invierno.
Carnívoro	Animal que se alimenta exclusivamente de carne.
Carroña	Cadáver de un animal.
Carroñero	Animal que se alimenta de cadáveres de animales.
Deforestación	Eliminación de una superficie forestal.
Depredador	Animal que caza y se alimenta de otros animales.
Desove	Vertido de huevos en el agua para que sean fecundados.
Doméstico	Animal domesticado que vive junto a los humanos.
Dosel arbóreo	Capa superior de un bosque, las copas de los árboles.
Ecoturismo	Viaje sostenible para observar la vida silvestre.
Enjambre	Grupo numeroso de insectos voladores.
Envergadura alar	Distancia entre el extremo de un ala y la otra desplegadas.
Garra	Pie de un ave con uñas curvas y afiladas.
Hábitat	Lugar donde vive un animal.
Herbívoro	Animal que se alimenta de plantas exclusivamente.
Hibernación	Estado de letargo en el que algunos animales pasan todo el invierno.
Insectívoro	Animal que se alimenta de insectos.

Invertebrado	Animal que carece de columna vertebral.
Marino	Relacionado con el mar.
Marsupial	Animal cuya cría se desarrolla en una bolsa o marsupio.
Migración	Viaje regular que realizan los animales en busca de alimento o zonas de cría.
Néctar	Líquido azucarado producido por las flores.
Nocturno	Activo durante la noche.
Omnívoro	Animal que come todo tipo de alimentos.
Polar	Zonas frías en torno a los polos norte y sur.
Prensil	Cola de un animal que le sirve para sujetarse y agarrarse.
Presa	Animal que es matado y devorado por otro animal.
Probóscide	Tubo de alimentación que tienen los animales en la boca para succionar alimentos y agua.

(de) Sangre caliente	Que produce su propio calor corporal.
(de) Sangre fría	Que no produce su propio calor corporal.
Superdepredador	Depredador que no tiene depredadores.
Tentáculos	Extremidades largas de algunos invertebrados que les sirven para atrapar alimento y, a veces, para atacar a sus depredadores.
Veneno	Fluido tóxico producido por un animal capaz de matar o paralizar a una presa.
Vertebrado	Animal con columna vertebral.
Zonas templadas	Áreas de la Tierra situadas entre los trópicos y las regiones polares.
Zooplancton	Animales diminutos que viven en el agua.

ÍNDICE ALFABÉTICO DE CONTENIDO